MINIATUR GÄRTEN

INDOOR UND OUTDOOR

: Haupt

Die englische Originalausgabe erschien erstmals 2016 unter dem Titel *RHS Miniature Garden Grower. Terrariums & Other Tiny Gardens to Grow Indoors & Out.*

Copyright © 2016 by Qui:d Publishing, einem Inprint der Quarto Group
The Old Brewery, 6 Blundell Street
London N7 9BH, United Kingdom

© Quarto Publishing plc

Diese Publikation ist in der Deutschen Nationalbibliografie verzeichnet.
Mehr Informationen dazu finden Sie unter http://dnb.dnb.de.

1. Auflage 2018
Alle Rechte vorbehalten.
Copyright der deutschen Ausgabe: © 2018 Haupt Bern
Jede Art der Vervielfältigung ohne Genehmigung des Verlages ist unzulässig.

Aus dem Englischen übersetzt von Ulrike Kirsch, D-München

Das Buch wurde konzipiert, gestaltet und produziert durch Mitchell Beazley in
Zusammenarbeit mit der Royal Horticultural Society (RHS).
Herausgeberin Mitchell Beazley: Alison Starling
Herausgeberin RHS: Rae Spencer-Jones
RHS Ko-Herausgeber: Simon Maughan
Umschlagsgestaltung: Clare Barber
Designer: Clare Barber
Illustrator: Melvyn Evans

Der Haupt Verlag wird vom Bundesamt für Kultur mit einem Strukturbeitrag für die Jahre
2016–2020 unterstützt.

ISBN: 978-3-258-08053-6

Printed in China

Um lange Transportwege zu vermeiden, hätten wir dieses Buch gerne in Europa gedruckt.
Bei Lizenzausgaben wie diesem Buch entscheidet jedoch der Originalverlag über den
Druckort. Der Haupt Verlag kompensiert mit einem freiwilligen Beitrag zum Klimaschutz die
durch den Transport verursachten CO_2-Emissionen und verwendet FSC®-Papier.

Wünschen Sie regelmäßig Informationen über unsere neuen Titel im Bereich Garten und
Natur? Möchten Sie uns zu einem Buch ein Feedback geben? Haben Sie Anregungen für
unser Programm? Dann besuchen Sie uns im Internet auf **www.haupt.ch**. Dort finden
Sie aktuelle Informationen zu unseren Neuerscheinungen und können unseren Newsletter
abonnieren.

HOLLY FARRELL

MINIATUR GÄRTEN

INDOOR UND OUTDOOR

ÜBERSETZT VON ULRIKE KIRSCH

Haupt

NATUR

INHALT

EINFÜHRUNG

Selbst auf kleinstem Raum lassen sich wunderschöne Akzente in Grün setzen. Wer braucht schon einen großen Garten, wenn sich eine Landschaft im Blumentopf oder ein ganzes Ökosystem im Marmeladenglas anlegen lässt? Das vorliegende Buch zeigt, wie man kleine, aber feine Gärten gestaltet. Zum Bepflanzen dienen zum Beispiel Teekannen oder Marmeladengläser, für die sich immer ein Plätzchen findet, ganz gleich ob in Küche oder Bad, im Wohnzimmer oder Büro. Im Freien wächst ein Minigarten ganz einfach im Topf und ziert Fensterbrett, Eingangstreppe oder Balkon.

Miniaturgärtnern eignet sich nicht nur für Menschen, die wenig Platz zur Verfügung haben, sondern auch für Menschen mit wenig Zeit. Die vorgestellten Minigärten sind leicht zu verwirklichen und zu pflegen: Vorkenntnisse sind nicht erforderlich. Und jedes Projekt lässt genügend Freiraum für eigene Vorstellungen und Ideen.

Ein bisschen Grün ins Leben zu bringen, wirkt sich bekanntermaßen positiv aufs Wohlbefinden aus. Minigärten sind ideal, um Menschen jeden Alters fürs Gärtnern zu begeistern, sei es ein Garten im Blumenkasten, im Topf vor der Haustür oder in einem Pflanzenterrarium auf der Fensterbank. Nutzen Sie doch einen regnerischen (oder auch sonnigen) Tag, um hier und da durch die leicht verständlichen Kapitel zu blättern. Viele der Gärten sind auch schnell umgesetzt und damit tolle Geschenkideen für Kinder und Erwachsene.

ZUR BENUTZUNG DIESES BUCHS

Alle vorgestellten Minigärten sind leicht umzusetzen und erfordern meist nur wenig Material und Gerät. Jeder Garten ist ein eigenständiges Projekt, die meisten können unabhängig von der Jahreszeit angelegt werden. Blättern Sie nach Lust und Laune durch die Kapitel und entdecken Sie die Vielfalt der Kleinstgärten zum Selbergestalten.

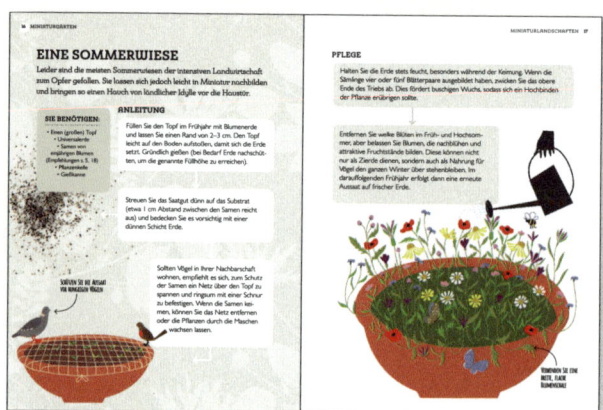

Kapitel 1
← Unterschiedliche Landschaften und Lebensräume werden in Miniatur in einem Topf angelegt, zum Beispiel eine Wildblumenwiese oder ein üppiger Regenwald.

Kapitel 2
→ In Pflanzenterrarien findet ein ganzes Mini-Ökosystem in einem Glasbehälter Platz.

Kapitel 3

← Vertikale Gärten hängen von der Decke oder begrünen Wände und Mauern.

Kapitel 4

→ Wasser- und Naturgärten zeigen, dass selbst kleinste Bereiche eine große Bereicherung für die Natur sind.

Kapitel 5

↓ Nutzgärten ermöglichen den Anbau von Obst und Gemüse auf allerkleinstem Raum.

Kapitel 6

In den Kapiteln 1–5 finden Sie detaillierte Anleitungen, in Kapitel 6 allgemeine Tipps im Einmaleins des Minigärtnerns (Seiten 118–137) sowie eine Erklärung der Fachausdrücke im Glossar (Seiten 138–139).

KAPITEL 1

MINIATUR-LANDSCHAFTEN

Mit ein bisschen Fantasie und sorgfältiger Bepflanzung lässt sich eine schöne Landschaft in einem einzigen Topf verwirklichen. Soll er draußen stehen, können in ihm ein Weidenwald mit Frühlingsblühern, eine Sommerwiese oder ein Winterwald zum Leben erweckt werden. Wenn genug Platz vorhanden ist, warum nicht alle drei Töpfe anpflanzen und rotierend im Wechsel der Jahreszeiten den jeweils passenden ins «Rampenlicht» rücken? Für innen (oder eventuell auch für einen geschützten Hof oder Balkon) eignet sich ein üppiger Dschungel oder ein terrassiertes Arrangement mit Sukkulenten.

EIN WEIDENWALD

Der Zyklus sommergrüner Wälder spiegelt sich in dieser Miniaturland-
schaft mit Weiden und Frühlingsblühern wider. Aus Steckhölzern wachsen Bäume, als Frühlingsblüher kommen Krokusse zum Einsatz.

SIE BENÖTIGEN

- Einen (großen) Blumentopf
- Universalerde
- Weidensteckhölzer
- Krokusknollen
- Pflanzenkelle
- Gießkanne

ANLEITUNG

Füllen Sie den Topf im Herbst mit Blumenerde
und lassen Sie einen Rand von etwa 2 cm. Den
Topf leicht auf die Arbeitsfläche aufstoßen, damit
sich die Erde setzt.

Setzen Sie die Krokusknollen (mit der Spitze nach
oben) im Abstand von 5–10 cm zweimal so tief in
die Erde, wie sie hoch sind.

Den Topf gut wässern (Erde nachfüllen, falls
sie merklich absinkt).

Stecken Sie nun im Abstand von mindestens
15 cm die Weidensteckhölzer ein. Am besten
in ungerader Anzahl, sodass der Wald je nach
Topfgröße aus 1, 3, 5, 7 oder mehr «Bäumen»
besteht.

PFLEGE

Es sind keine Kettensägen erforderlich! Die Erde stets feucht halten, gegebenenfalls Unkraut entfernen und dann nur noch auf den Frühling warten! Die dünnen, schlanken Blätter und kleinen Krokusblüten erscheinen zu Beginn des Frühjahrs (schnuppern Sie daran, um den Honigduft zu riechen), danach folgen die Weiden mit neuen Trieben und Laub.

Schneiden Sie im darauffolgenden Jahr im Spätwinter die Weidenzweige zurück (wie weit, hängt vom verfügbaren Platz ab – orientieren Sie sich dabei am Wachstum des Vorjahres).

KROKUSBLÜTEN ÖFFNEN SICH NUR BEI SONNE, DENN DANN SIND BIENEN DA, UM SIE ZU BESTÄUBEN.

FRÜHJAHR

SOMMER

PFLANZENAUSWAHL

Krokusse gibt es in den Farben Gelb, Orange, Weiß und Lila. Frühjahrsblüher eignen sich hier besser als Herbstblüher. Krokusknollen sind die verdickten Basen des unterirdischen Stängels, auch andere Pflanzen wie Gladiolen (*Gladiolus* sp.) und Freesien (*Freesia* sp.) besitzen Knollen. Für die im Spätwinter erscheinenden silbrig-flauschigen Weidenkätzchen empfiehlt sich die Salweide *(Salix caprea)*, die man mitunter im Blumenladen erhält. (Für die Steckhölzer die unteren 10–15 cm abschneiden, da der Zweig ausgetrocknet sein kann.)

EIN PERFEKTER JAHRESZYKLUS

Sommergrüne Wälder sind raffinierte Ökosysteme. Die laubtragenden Bäume lassen kaum Licht auf den Waldboden und verbrauchen einen Großteil der Wasser- und Nährstoffvorräte im Boden. Deshalb können am Waldboden nur sehr widerstandsfähige und schattenliebende Gewächse überleben. Pflanzen wie das Hasenglöckchen leben jedoch in perfektem symbiotischem Zyklus mit den Bäumen: Sie treiben neue Blätter und Blüten, bevor die Bäume grün werden.

> Hasenglöckchen leben in perfektem symbiotischem Zyklus mit den Waldbäumen.

STECKHÖLZER SCHNEIDEN

Bis aus einem Samen ein Baum erwachsen ist, vergehen etliche Jahre. Manche Arten lassen sich aber leicht aus Stecklingen ziehen. Dabei werden von der Pflanze abgeschnittene Triebe in einen Topf mit Erde gesteckt, damit sie Wurzeln und neue Triebe bilden. Die bei Weitem einfachsten Stecklinge sind Steckhölzer: Die abgeschnittenen, kurzen Zweigstücke werden im Herbst oder Winter in die Erde gesteckt, wodurch im Frühjahr ein neuer Baum zu wachsen beginnt. Sehr gut hierfür eignen sich Weiden (*Salix*-Arten), ebenso Haselnusssträucher *(Corylus avellana)* und Hartriegel (*Cornus*-Arten).

1 Steckhölzer werden nach dem Laubabwurf geschnitten. Suchen Sie einen gesunden, etwa bleistiftdicken Zweig und schneiden Sie ein rund 20 cm langes Endstück ab. Setzen Sie den Schnitt direkt über einem Auge (Knospe) an, sodass kein hässlicher, toter Aststumpf am Baum zurückbleibt.

2 Schrägen Sie das abgeschnittene Ende direkt unterhalb eines Auges ab und stecken Sie das spitze Ende senkrecht in einen Topf mit feuchter Erde. Die Erde nun feucht – aber nicht nass – halten. Und dann heißt es nur noch auf das Frühjahr warten, bis die Knospen über der Erde neue Triebe bilden. Der Topf kann im Freien oder innen auf einer kühlen Fensterbank stehen.

3 Bei Bedarf kann man von einem Ast mehrere Steckhölzer nehmen. Schneiden Sie so viele Stücke ab, wie Sie benötigen, und achten Sie darauf, dass erkennbar ist, welches Ende in die Erde gehört – markieren Sie es zum Beispiel, indem Sie das untere Ende des Steckholzes spitz zuschneiden.

EINE SOMMERWIESE

Leider sind die meisten Sommerwiesen der intensiven Landwirtschaft zum Opfer gefallen. Sie lassen sich jedoch leicht in Miniatur nachbilden und bringen so einen Hauch von ländlicher Idylle vor die Haustür.

SIE BENÖTIGEN:

• Einen (großen) Topf
• Universalerde
• Samen von einjährigen Blumen
(Empfehlungen s. S. 18)
• Pflanzenkelle
• Gießkanne

ANLEITUNG

Füllen Sie den Topf im Frühjahr mit Blumenerde und lassen Sie einen Rand von 2–3 cm. Den Topf leicht auf den Boden aufstoßen, damit sich die Erde setzt. Gründlich gießen (bei Bedarf Erde nachschütten, um die genannte Füllhöhe zu erreichen).

Streuen Sie das Saatgut dünn auf das Substrat (etwa 1 cm Abstand zwischen den Samen reicht aus) und bedecken Sie es vorsichtig mit einer dünnen Schicht Erde.

Sollten Vögel in Ihrer Nachbarschaft wohnen, empfiehlt es sich, zum Schutz der Samen ein Netz über den Topf zu spannen und ringsum mit einer Schnur zu befestigen. Wenn die Samen keimen, können Sie das Netz entfernen oder die Pflanzen durch die Maschen wachsen lassen.

SCHÜTZEN SIE DIE AUSSAAT VOR HUNGRIGEN VÖGELN

PFLEGE

Halten Sie die Erde stets feucht, besonders während der Keimung. Wenn die Sämlinge vier oder fünf Blätterpaare ausgebildet haben, zwicken Sie das obere Ende des Triebs ab. Dies fördert buschigen Wuchs, sodass sich ein Hochbinden der Pflanze erübrigen sollte.

Entfernen Sie welke Blüten im Früh- und Hochsommer, aber belassen Sie Blumen, die nachblühen und attraktive Fruchtstände bilden. Diese können nicht nur als Zierde dienen, sondern auch als Nahrung für Vögel den ganzen Winter über stehenbleiben. Im darauffolgenden Frühjahr erfolgt dann eine erneute Aussaat auf frischer Erde.

VERWENDEN SIE EINE BREITE, FLACHE BLUMENSCHALE

PFLANZENAKTE:
SOMMERWIESE

Der Blumensamen sollte gekauft und nicht im Freien gesammelt werden. So geht man sicher, dass er reif ist (und keimt), und man nimmt der Natur nichts weg. Mancherorts ist das Sammeln von Wildblumensamen auch verboten. Besorgen Sie sich vorzugsweise heimisches Saatgut, da unter denselben Klimabedingungen gezogene Pflanzen meist besser gedeihen.

Einjährige Wildblumen sind als Einzelsaat erhältlich oder als Saatmischung im Tütchen (oder als Samenkugeln). Für eine naturgetreue Miniaturnachbildung eines Kornfelds gibt es spezielle Fertigmischungen. Sie können sich aber auch Ihr eigenes Kornfeld aus den unten aufgeführten Arten zusammenstellen. Für ein Feld mit Sonnenblumen verwendet man die Zwergvarianten.

Kornrade
(Agrostemma githago)
Purpurviolette Blüten und graugrüne Blätter, bis zu 75 cm hoch.

Kornblume
(Centaurea cyanus)
Die Echte Kornblume besitzt tiefblaue Blüten, es gibt jedoch etliche Varianten in Lila, Rosa, Weiß und Blau. Dünne Blätter und Stiele, Wuchshöhe bis zu 75 cm.

Acker-Hundskamille
(Anthemis arvensis)
Weiße, gänseblümchenartige Blüten mit gelber Mitte, farnartige Blätter, bis zu 30 cm hoch.

Saatwucherblume
(Chrysanthemum segetum)
Goldgelbe, margeritenartige Blüten und graugrüne Blätter, Wuchshöhe bis zu 50 cm.

Klatschmohn
(Papaver rhoeas)
Sehr dünne Stängel und Blätter, scharlachrote Blüten, bis zu 75 cm hoch.

Weizen und Gerste
(Triticum sp. und *Hordeum* sp.)
Ein paar Weizen- oder Gerstensamen in der Wiese sorgen für einen authentischen Touch. Alternativ nimmt man Schwarzkümmel (z. B. die Jungfer-im-Grünen-Sorte 'Miss Jekyll') – die blauen Blüten erinnern an Sommerwiesen und die gefiederten Blätter und die Fruchtstände ähneln jenen der Gerste.

Sonnenblume
(Helianthus annuus)
Gute Zwergvarianten sind zum Beispiel 'Big Smile', 'Munchkin', 'Little Dorrit' und 'Yellow Spray'.

KORNBLUME

Klatschmohn
(*Papaver rhoeas*) war
früher in allen Kornfeldern
zu finden. Aufgrund der
intensivierten Landwirtschaft
ist er heute selten
geworden.

EIN DSCHUNGEL IM TOPF

Viele Dschungelpflanzen sind hervorragende Zimmerpflanzen: Bei Verwendung mehrerer verschiedener Arten lassen sich die Etagen des Regenwalds von niedrig wachsenden Bodendeckern über mittelhohe Sträucher bis zu Kletterpflanzen und kleinen Bäumen nachbilden.

SIE BENÖTIGEN

- Einen (großen) Topf
- Universalerde
- Dschungelpflanzen – mindestens eine für jede Etage (s. S. 22)
- Pflanzenkelle
- bei Bedarf Stab oder andere Stütze für Kletterpflanzen
- Gießkanne

ANLEITUNG

Arrangieren Sie die verschiedenen Pflanzen zunächst so, wie sie später im Topf stehen sollen. Achten Sie darauf, dass alle gut sichtbar sind. Dann die Pflanzen aus ihrem Topf nehmen und in den großen Topf umsetzen.

Füllen Sie den Topf zu circa zwei Dritteln mit Erde. Nun die Pflanzen einsetzen; beginnen Sie bei den Exemplaren mit den größten Wurzelballen. Je nach Ballengröße müssen Sie ggf. wieder Erde herausnehmen oder nachfüllen. Ringsum mit Erde auffüllen und andrücken. Alle Wurzelballen sollen mit der Oberkante knapp unterhalb des Topfrandes liegen. Gut gießen und Erde nachfüllen, falls sie sich setzt.

Stellen Sie den Topf in ein helles Zimmer, aber nicht in die direkte Sonne. Ein leicht feuchtes Zimmer, wie etwa das Bad, eignet sich ebenfalls sehr gut.

BLÜTENPFLANZEN
FÜR DIE OBERSTE
ETAGE

BLATTWERK FÜR DIE
OBERSTE ETAGE

PFLANZEN FÜR DIE
MITTLERE ETAGE

BLATTWERK FÜR DIE
UNTERSTE ETAGE

PFLEGE

Regelmäßig gießen, damit
die Erde stets feucht bleibt.
Besonders im Frühjahr und
Sommer regelmäßig Flüssigdünger dazugeben.

Wischen Sie die Zimmerpflanzen regelmäßig mit einem feuchten Tuch ab, damit
sie nicht verstauben. Zudem gibt es Blattglanzsprays im Handel, die dafür sorgen,
dass die Blätter sauber und frei von Kalkflecken bleiben. Entfernen Sie abgestorbene Blätter und Blüten und schneiden Sie stark wachsende Triebe gegebenenfalls zurück.

PFLANZENAKTE:
DSCHUNGEL

Wählen Sie für Ihren Topf Pflanzen mit unterschiedlichen Wuchshöhen (hoch, mittel und niedrig) aus, um die Etagen eines Regenwalds nachzubilden.

Große Flamingoblume
(Anthurium andraeanum)
Die wachsartigen (meist roten) Blüten verleihen dem Dschungel etwas Farbe. Mittelhohe Pflanze (50 cm).

Korbmarante
(Calathea lancifolia)
Ebenfalls geeignet sind *C. zebrina* und *C. makoyana*. Blassgrüne, dunkel gesprenkelte Blätter mit auffälligen, mitunter roten Mittelrippen. Niedrige bis mittelhohe Pflanze (bis zu 60 cm hoch).

Duftender Drachenbaum
(Dracaena fragrans)
Grasartige Blätter, die 2 m oder höher werden. Für die mittlere oder obere Etage.

Gummibaum
(Ficus elastica)
Der langsamwüchsige Baum besitzt dunkelgrüne, glänzende Blätter, die bis zu 40 cm lang werden können. Oberste Etage (Höhe: 2,5 m und mehr).

Fittonien
(die Gruppen *Fittonia albivenis* Verschaffeltii oder Argyroneura)
Die niedrigwüchsige Pflanze bildet einen Teppich mit dunkelgrünen, leuchtend weiß geäderten Blättern. Untere Etage (10–20 cm hoch).

Köstliches Fensterblatt
(Monstera deliciosa)
Wegen der Löcher in ihren großen Blättern heißt die Pflanze im englischen Sprachraum Swiss cheese plant («Schweizer-Käse-Pflanze»). Sie benötigt eine Kletterhilfe. Eventuell Triebe auf gewünschte Höhe zurückschneiden. Obere Etage (2 m und höher).

Kletterphilodendron
(Philodendron scandens)
Große, herzförmige, dunkelgrüne Blätter an Klettertrieben. Falls nötig, Triebe auf gewünschte Höhe zurückschneiden. Obere Etage (2 m und mehr).

Philodendron
(Philodendron xanadu)
Buschige Pflanze mit dekorativen, mittelgrünen Blättern, die Blattstiele entwachsen einem zentralen Punkt. Mittlere Etage (1 m hoch).

Paradiesvogelblume
(Strelitzia reginae)
Große, dünne Blätter und wunderschöne, spitz zulaufende Blüten in Orange und Lila auf langen Stielen. Für die mittlere oder obere Etage (1–1,5 m hoch).

GUMMIBAUM

Die Große
Flamingoblume
(*Anthurium andraeanum*)
mit ihren roten, wachs-
artigen Blüten ist
eine beliebte
Zimmerpflanze.

EIN WINTERWALD

Zwergkoniferen haben nicht den besten Ruf, werden sie doch gern mit langweiligen Grünflächen assoziiert. Sie bieten aber eine Möglichkeit, die winterliche Fensterbank stilvoll zu begrünen, indem man einen Miniwald aus Bäumen mit sich ergänzenden Farben, aber unterschiedlichen Formen nachbildet.

SIE BENÖTIGEN:

• Topf oder Blumenkasten
• Universalerde
• Zwergkoniferen
• Pflanzenkelle
• Gießkanne
• Deko (bei Bedarf)

ANLEITUNG

Die Bäume müssen ein paar Stunden vor dem Einpflanzen gut gewässert werden. Füllen Sie das Pflanzgefäß mit etwas Erde: Die Oberkante der Wurzelballen soll knapp unterhalb des Gefäßrands liegen. Das Gefäß leicht auf die Arbeitsfläche aufstoßen, damit sich die Erde setzt.

Die Bäume nun aus den Töpfen nehmen und ins Pflanzgefäß umsetzen, berücksichtigen Sie dabei Größe, Form und Farbe. Rund um die Wurzelballen mit Erde auffüllen, andrücken und gründlich angießen. Gegebenenfalls Erde nachfüllen.

Schmücken Sie die Pflanze für die Festtage mit ein paar Zapfen

PFLEGE

Gießen Sie Ihren Wald regelmäßig, damit die Erde stets feucht bleibt, im Frühjahr und Sommer auch düngen. Der Topf muss eventuell gedreht werden, damit alle Seiten genug Sonnenlicht bekommen, sonst wachsen die Pflanzen nur zur Lichtseite, während die im Dunkeln liegenden Äste absterben.

Die meisten Zwergkoniferen wachsen so langsam, dass man auf einen Rückschnitt verzichten kann. Sollte es dennoch nötig werden, dann stutzen Sie die Zweige im Frühjahr und/oder Spätsommer, damit die Bäume kompakt bleiben. Verpassen Sie ihnen immer nur einen leichten «Haarschnitt». Sie können die Spitzen entweder mit einer kleinen Gartenschere oder Haushaltsschere in eine gleichmäßige, konische Form bringen oder die Äste einzeln beschneiden. Das dauert zwar länger, doch das Ergebnis gleicht mehr einem natürlichen Wald als einem akkuraten Formschnitt. Entfernen Sie tote Zweige, um gesundes Wachstum zu fördern.

KOMBINIEREN SIE PFLANZEN MIT BLÄULICH-GRÜNEN UND GRÜNEN FARBTÖNEN

VÖGEL WISSEN AUCH KLEINE BÄUMCHEN SEHR ZU SCHÄTZEN

Bäume
in einzelnen
Töpfen sind eine
wunderschöne
Winterdekoration für
Treppenstufen.

PFLANZENAKTE:
WINTERWALD

Viele der ausladend wachsenden Zwergkoniferen eignen sich zwar für kompakte Gärten, aber für das echte Wald-Feeling sollten Sie aufrechte oder kugelige Zwerg-varianten nehmen. Koniferen wachsen langsam und brauchen 20 Jahre oder länger, bis sie die hier genannte Maximalhöhe erreichen. Sie sollten daher den kleinsten Topf erstehen (9 cm oder weniger), damit der Wald lange klein bleibt.

Kugelige Goldzypresse
(*Chamaecyparis lawsoniana* 'Minima Aurea')
Die Zwergvariante der konischen Lawsons-Schein-zypresse erreicht eine Wuchshöhe von nur 1 m; vertikaler Wuchs, goldene Farbe.

Wacholder
(*Juniperus chinensis* 'Pyramidalis')
Säulenartiger Wacholder mit graugrünen Nadeln, Wuchshöhe 1 m.

Blaue Igelfichte
(*Picea glauca* 'Echiniformis')
Kugeliger Busch mit grauem Nadelkleid, Wuchs-höhe 50 cm. Die Sorte 'Jean Dilly' ist ebenfalls geeignet.

Kleine Kugelfichte
(*Picea abies* 'Little Gem')
Die Zwergfichte trägt dunkelgrüne Nadeln, neue sind hellgrün.
Wuchshöhe 50 cm.

Blaue Kissenfichte
(*Picea mariana* 'Nana')
Diese Zwerg-Schwarzfichte besitzt einen dichten, kugeligen Wuchs und graugrüne Nadeln.
Höhe 50 cm.

Kugelkiefer
(*Pinus mugo* 'Mops')
Die Zwergkiefer besitzt lange, dunkelgrüne Nadeln und wächst als kugeliger Strauch bis 1 m Höhe. Die Gelbe Zwergkiefer 'Ophir' eignet sich ebenfalls gut.

Zwergiger Kugellebensbaum
(*Thuja occidentalis* 'Danica')
Kugelige Zwergform des Abendländischen Lebensbaums, Höhe 50 cm. Das hellgrüne Nadelkleid verfärbt sich bei kaltem Wetter bronzefarben.

FICHTE

SUKKULENTENTERRASSE

Sukkulenten gedeihen häufig an steilen Kliffs oder Berghängen, also an unzugänglichen Stellen, an denen sie nicht Gefahr laufen, von hungrigen Tieren gefressen zu werden. Diese Landschaft lässt sich in Miniatur als terrassiertes Gelände in einem zerbrochenen Tontopf nachbilden.

SIE BENÖTIGEN:

- Terrakotta-Topf
- Universalerde
- Grobsand
- Sukkulenten
- Pflanzenkelle
- Gießkanne

TERRASSEN ANLEGEN

Verwenden Sie einen zerbrochenen Tontopf, bei dem idealerweise noch eine Hälfte und der Topfboden mit Rand intakt sind. Ansonsten hilft ein kräftiger Schlag mit dem Hammer auf einen noch unversehrten Topf, etwa auf Zwei-Drittel-Höhe.

- Mischen Sie Erde und Sand im Verhältnis 2:1 in ausreichender Menge für den Topf.
- Bedecken Sie den Topfboden mit der Mischung.
- Dann weiter auffüllen und dabei auf der offenen Seite des Gefäßes Tonscherben in die Erde stecken, um mehrere Terrassen zu formen.
- Die Scherben einbetten. Ringsum mit Substratmischung auffüllen.

ANLEITUNG

Setzen Sie jetzt die Sukkulenten ein, verwenden Sie vorne an der Terrassenseite kriechende Varianten und oben im Topf aufrechte Exemplare. Lassen Sie zwischen den Pflanzen ein wenig Abstand, aber nicht zu viel, da sie ohnehin langsam wachsen: Bei dichter Bepflanzung kommt das Arrangement besser zur Geltung.

Gut wässern. Gießen Sie vorsichtig und warten Sie immer, bis das Wasser versickert ist, damit keine Erde aus dem Topf geschwemmt wird.

Nun noch die offenen Erdflächen mit Grobsand bedecken. Dieser reflektiert nicht nur Licht auf die Pflanzen, sondern lässt Ihre Landschaft zudem auch gepflegter erscheinen.

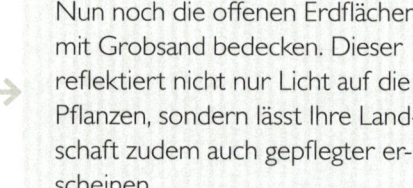

PFLEGE

Stellen Sie den Topf an einen sonnigen, warmen Platz. Die meisten Sukkulenten sind frostempfindlich (vergewissern Sie sich anhand des Pflanzenetiketts). Im Sommer sind sie lieber im Freien, von Herbst bis Frühjahr benötigen sie Schutz (Gewächshaus, Wintergarten, Windfang oder eine sonnige Fensterbank).

Sukkulenten sind zwar auf ein Leben in dürren Regionen angepasst, aber auch sie kommen nicht ohne Wasser aus, insbesondere bei dichter Bepflanzung im kleinen Topf. Gießen Sie regelmäßig. Viele grüne Blattsukkulenten verfärben sich bei extremem Wassermangel rot. Sollte Ihre Anpflanzung an einer solchen Dürre leiden, dann stellen Sie den Topfboden mehrere Stunden in einen Eimer oder eine Wanne mit Wasser, bis das Substrat wieder vollständig durchfeuchtet ist (eventuell müssen Sie den Topf anfangs beschweren, damit der Boden unter Wasser bleibt).

Versorgen Sie die Pflanzen von Frühling bis Spätsommer einmal im Monat mit verdünntem Dünger (Verhältnis Dünger/Wasser: je hälftig), damit sie gesund bleiben.

Entfernen Sie abgestorbene Blütenstiele und Blätter (zum Beispiel mithilfe einer Pinzette) und stauben Sie die Pflanzen mit einem Pinsel oder feuchten Wattestäbchen ab.

KOMBINIEREN SIE PFLANZEN MIT UNTERSCHIEDLICHEN FARBEN UND FORMEN

MODELLE LASSEN DIE LANDSCHAFT NOCH ECHTER AUSSEHEN

PFLANZENAKTE:
SUKKULENTEN

Auch wenn viele Sukkulenten unter den richtigen Bedingungen blühen, sollten nicht die Blüten, sondern Form und Blätter die Auswahlkriterien sein, da man die meiste Zeit des Jahres nur diese sieht. Etliche wachsen so langsam, dass sich auch größere Arten für den Minigarten eignen. Letztendlich wird zwar das Angebot Ihre Auswahl bestimmen, hier aber dennoch ein paar Vorschläge:

Aloe
(*Aloe* sp.)
Gewöhnlich grüne, schmale Blätter in einer Rosette. Zum Beispiel: *A. aristata*, *A. bakeri*, *A. melanacantha*, *A. variegata* oder *A. vera*.

Echeverien
(*Echeveria* sp.)
Rosetten mit spitz zulaufenden Blättern, häufig in blaugrünen Tönen. Probieren Sie es mit *E. derenbergii*, *E. elegans* oder *E. setosa*.

Kalanchoe
(*Kalanchoe* sp.)
Die grünen oder blaugrünen Blätter bilden am Rand oft neue Pflänzchen, die herabfallen und an Ort und Stelle Wurzeln schlagen. Zum Beispiel: *K. pumila*, *K. millotii*, *K. daigremontiana* oder das Flammende Käthchen *K. blossfeldiana*.

Lithops
(*Lithops* sp.)
Die grauen, als «Lebende Steine» bekannten Pflänzchen erreichen nur 4 cm Wuchshöhe. Die Oberseite ist flach und gemustert. Etwa: *L. karasmontana*.

Fetthenne
(*Sedum* sp.)
Die klassische Pflanze für begrünte Dächer. Zahlreiche Arten sind von Natur aus klein und niedrigwüchsig, probieren Sie es mit *S. cauticola*, *S. spathulifolium* oder *S. spathulifolium* 'Purpureum'.

Hauswurz
(*Sempervivum* sp.)
Der botanische Name bedeutet so viel wie «ewig lebend». Hauswurze sind auch zur Bepflanzung von Steingärten sehr beliebt. Etwa: *Sempervivum arachnoideum*, *S. ciliosum*, *S. pittonii* oder *S. tectorum*.

ALOE

Sukkulenten gibt es in den verschiedensten Formen. Reinigen Sie die Blätter mit einem Pinsel oder feuchten Wattestäbchen, damit sie schön glänzen.

ANPASSUNGEN AN DIE HITZE

WIE SUKKULENTEN ÜBERLEBEN

Alle Pflanzen haben bestimmte Anpassungen entwickelt, um in ihrer Umgebung leben zu können. Ein großes Blatt erlaubt es der Pflanze, in einem feuchten, schattigen Dschungel möglichst viel Sonnenlicht zu absorbieren, ein kleines, schmales Blatt minimiert den in sonnigen, heißen Klimazonen durch Evaporation entstehenden Wasserverlust. Ein Blick auf die Blätter und andere Pflanzenteile verrät dem Gärtner einiges über die Herkunft einer Pflanze, sodass er für sie den optimalen Standort im Garten bestimmen kann.

Manche Sukkulenten besitzen silbrige Blätter (z. B. Echevarien) und Stängel, mit denen sie das heiße Sonnenlicht besser reflektieren und so den Wasserverlust durch Evaporation reduzieren können.

Sukkulenten gibt es in allen erdenklichen Formen und Größen. Die größte ist der Affenbrotbaum – für unsere Minigärten besser geeignet sind allerdings die *Lithops*-Arten, die wie kleine Steine aussehen!

In der Wüste stellen Pflanzen mit Wasserdepots eine große Verlockung für durstige Tiere dar. Daher haben zahlreiche Sukkulenten Mechanismen zur Abwehr von Feinden entwickelt, beispielsweise bitteren Pflanzensaft oder dornige Blätter (z. B. Aloe).

Alle Sukkulenten können Wasser in ihren Blättern, Stängeln oder Wurzeln speichern, bei manchen sind alle Organe dazu imstande, bei anderen nur einige in verschiedenen Kombinationen. Da Sukkulenten in trockenen Klimazonen beheimatet sind, nehmen sie, sobald Wasser zur Verfügung steht, möglichst viel davon auf, um bei Wassermangel davon zu zehren.

EIN RASEN IN DER KISTE

Auch ein wunderschöner Rasen lässt sich in Miniatur anlegen. Man kann dafür Rollrasen verwenden, der in Gartencentern und Baumärkten erhältlich ist, oder Saatgut. Alternativ gestaltet man mit Kamille eine entspannende, duftende Wiese oder einen Sitzplatz.

PFLANZGEFÄSSE

Für den Rasen benötigt man ein flaches Pflanzgefäß (Mindesttiefe 10 cm, besser 15 cm), je größer die Oberfläche, desto größer – logischerweise – Ihr Rasen. Ideal sind Kisten, etwa eine Weinkiste (fragen Sie einen Weinhändler), oder richten Sie eine alte Palette entsprechend her. Bohren Sie gegebenenfalls Abflusslöcher in den Boden. Metallgefäße können ebenfalls verwendet werden, wenn man Drainagelöcher bohrt und sie nicht an heiße oder sonnige Standorte stellt, da sie Hitze nach innen leiten und die Wurzeln verbrennen können. Ob Rasen oder Sitzplatz – der Fantasie sind bei der Wahl eines passenden Behälters keine Grenzen gesetzt.

ROLLRASEN VERSUS SAATGUT

Verlegt man Rollrasen (eine fertige Rasenschicht, die als Quadratmeterware verkauft wird), ist der Rasen direkt fertig. Er ist bei einer größeren Fläche teurer als abgepacktes Saatgut, für Minigärten jedoch unter Umständen rentabler, da man vom Saatgut nur ein paar Gramm benötigt. Andererseits gibt es bei Saatgut eine größere Auswahl an Sorten und Spezialmischungen für schattige Bereiche, für feinen oder für strapazierfähigen Rasen (der zu empfehlen ist, wenn er als Sitz fungieren soll).

ANLEITUNG

Füllen Sie das Pflanzgefäß bis auf ein paar Zentimeter unter den Rand mit Erde. Dann gut wässern.

Verlegen von Rollrasen

SIE BENÖTIGEN:

- Pflanzgefäß
- Bohrer zum Bohren von Drainagelöchern
- Universalerde
- Rollrasen, Grassamen oder Kamillepflanzen
- Pflanzenkelle
- Gießkanne
- scharfes Messer (bei Rollrasen)

Achten Sie beim Kauf des Rasens auf gute Qualität. Es ist sinnvoll, ihn zu diesem Zweck zu entrollen und zu schauen, ob er gesund und grün ist oder ob womöglich Unkraut darauf wächst. Untersuchen Sie auch die Unterseite auf Schädlinge. Die Erde sollte feucht sein: Da Rollrasen im Handel gewöhnlich im Freien gelagert wird, kann er schnell austrocknen und welken. Zu Hause ausrollen, gut gießen und schnell verlegen.

Um zu schauen, ob genug Erde in der Kiste ist, legen Sie den Rasen hinein: Das Gras muss über den Rand ragen, Erde und Wurzeln sollen im Behältnis sein. Bei Bedarf Erde nachfüllen und den oder die Rasenstücke auflegen. Den Überstand zunächst grob mit dem Messer abschneiden und den Rasen fest andrücken. Achten Sie darauf, dass die Rasenstücke dicht aneinander anliegen. Letzte Überstände mit dem Messer abschneiden, sodass der Rasen passgenau in der Kiste sitzt und an den Seiten keine Erde mehr zu sehen ist.

Gut wässern und in der Folgezeit wenigstens einmal am Tag gießen, bis die Graswurzeln in die neue Erde eingewachsen sind (zum Testen den Rasen an einer Ecke hochziehen).

ANLEITUNG
Grassamen aussäen

Auf der Saatpackung sollte angegeben sein, wie viel Gramm pro Quadratmeter benötigt werden. Berechnen Sie die Fläche des Pflanzgefäßes und teilen/multiplizieren Sie die Menge entsprechend. Wiegen Sie das Saatgut entsprechend ab.

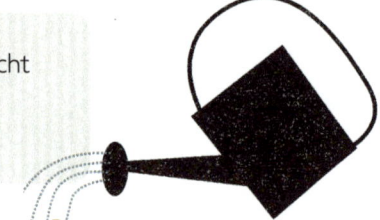

Streuen Sie das Saatgut gleichmäßig auf die Erde und harken Sie es (mit einer Küchengabel) leicht ein.

Regelmäßig gießen und die Oberfläche dauerfeucht halten, bis die Samen keimen. Spannen Sie zum Schutz vor Vögeln ein Netz über das Behältnis.

Kamille anpflanzen

Die Kamillepflanzen (siehe S. 102) im Abstand von 15 cm (gilt für Pflanzen im 9-cm-Topf) fest einsetzen, anschließend gießen.

Damit die Pflanzen gut anwachsen können, dürfen Sie sich mindestens drei Monate lang nicht darauf setzen (falls der Rasen ein Sitzplatz wird), danach weitere 6–12 Monate nur gelegentlich nutzen.

RASEN MÄHEN

Minirasen erfordert Minimähgerät – eine Haushalts- oder Gartenschere reicht völlig aus. Kürzen Sie das Gras von Frühjahr bis Sommer wöchentlich auf eine Höhe von 3–4 cm und bürsten Sie das Schnittgut ab. Wenn Sie ein Streifenmuster wie beim englischen Rasen möchten, wird nach dem Schneiden eine Rolle streifenweise über den Rasen geführt, und zwar abwechselnd in die eine und in die andere Richtung. Dafür eignet sich ein Nudelholz oder eine mit Wasser gefüllte Glasflasche.

Die Kamille muss nur bei zu starker Wucherung beschnitten werden (bei blühenden Sorten die welken Blüten regelmäßig entfernen).

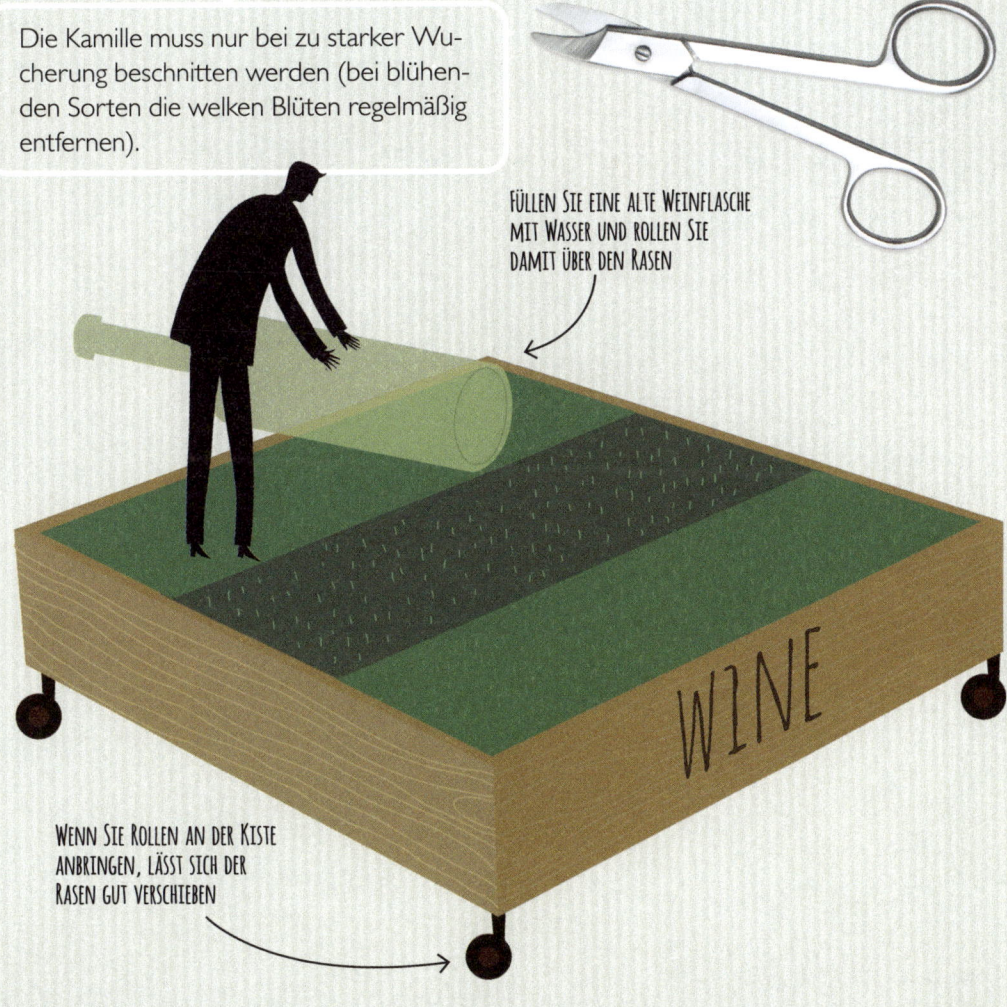

FÜLLEN SIE EINE ALTE WEINFLASCHE MIT WASSER UND ROLLEN SIE DAMIT ÜBER DEN RASEN

WINE

WENN SIE ROLLEN AN DER KISTE ANBRINGEN, LÄSST SICH DER RASEN GUT VERSCHIEBEN

KAPITEL 2

PFLANZEN-
TERRARIEN

Pflanzenterrarien sind die ultimativen Minigärten: In geschlossener Form beherbergen sie ein komplettes Ökosystem in einem Gefäß. In der offenen Variante bieten sie vielfältige Möglichkeiten, eine Fensterbank, einen Tisch oder Arbeitsplatz mit Pflanzen zu schmücken. Man kann die unterschiedlichsten Landschaften vom Mooshügel bis zur Sandwüste nachgestalten oder eine einzelne Pflanze besonders zur Geltung bringen – etwa eine Orchidee oder eine Seerose. Pflanzenterrarien – insbesondere geschlossene – eignen sich für tolle Experimente und sind äußerst dekorativ. Die Arrangements halten natürlich nicht ewig, vor allem, wenn sich mehrere Pflanzen ein kleines Behältnis teilen müssen. Letztendlich wird der Platz, wie bei jeder Topfpflanze, zu eng und Sie müssen ein neues Projekt starten. Die herausgewachsenen Pflanzen muss man aber nicht wegwerfen: Topfen Sie sie einfach um oder beschenken Sie Freunde oder Verwandte damit.

ÖKOSYSTEME *EN MINIATURE*

Ein oder zwei Pflanzen in einem Gefäß auf Augenhöhe bieten eine wunderbare Gelegenheit, sich diese erstaunlichen Lebewesen genauer zu betrachten. Selbst weniger glamouröse Gewächse, wie Moose und Flechten, kommen auf diese Weise voll zur Geltung.

PFLANZENTERRARIEN

Terrarien sind Glasbehälter für Landlebewesen. Gewöhnlich werden darin kleine Tiere wie Reptilien oder Amphibien gehalten. Pflanzenterrarien sind jedoch pflegeleichter und seit einigen Jahren sehr beliebt, um Zimmerpflanzen einmal anders zu präsentieren. Vorlage für die bereits im 19. Jahrhundert bekannten Mini-Glashäuser war der Wardsche Kasten: Dieses geschlossene Minigewächshaus erlaubte es den Pflanzensammlern, ihre auf Expeditionen gesammelten Fundstücke unversehrt in die Heimat zurückzubringen.

Geschlossene Pflanzenterrarien können nach der Versiegelung noch jahrelang intakt bleiben. 1960 legte ein Hobbygärtner aus dem Vereinigten Königreich ein Pflanzenterrarium an, das er lediglich 1972 einmal wässerte und das heute noch immer wächst und gedeiht! Weitere Beweise für die Lebensfähigkeit autarker Mini-Ökosysteme fanden sich 2011, als ein Wissenschaftler im Rahmen des «Eden Project» in Cornwall 48 Stunden in einem bepflanzten Gewächshaus verbrachte. Dem geschlossenen Raum wurde keine Luft zugeführt: Die Pflanzen produzierten so viel Sauerstoff, dass der Wissenschaftler darin überleben konnte.

MINI-WASSERKREISLAUF

Ein echtes Pflanzenterrarium ist komplett geschlossen und bildet innerhalb seiner Glaswände ein eigenes Ökosystem. Die Pflanzen werden anfangs einmal gewässert, danach recyceln sie das Wasser immer wieder und benötigen keine weitere Zufuhr von Feuchtigkeit.

Die Pflanzen nehmen das Wasser über die Wurzeln auf und setzen es bei der Fotosynthese ein, dann scheiden sie es über die Blätter in einem «Transpiration» genannten Vorgang wieder aus.

In der Natur verdunstet Wasser in die Luft und nähere Umgebung, im Inneren eines Pflanzenterrariums kann das Wasser jedoch nirgendwo hin. Es kondensiert an den Gefäßwänden und läuft zum Boden ab, wo es von der Pflanze wieder aufgenommen wird. Der Kreislauf beginnt von Neuem.

IM GLEICHGEWICHT

Mit der Luft im Pflanzenterrarium verhält es sich ähnlich. Pflanzen nehmen tagsüber Kohlendioxyd für die Fotosynthese auf und geben Sauerstoff ab, nachts nehmen sie Sauerstoff auf, verbrauchen den bei der Fotosynthese produzierten Zucker und geben Kohlendioxyd ab. So bleibt die Luft im Gleichgewicht. Abgestorbene Pflanzenteile fallen auf die Erde und verrotten, dadurch werden Nährstoffe gebildet, die die lebende Pflanze aufnimmt.

BEHÄLTER UND BASISSCHICHTEN FÜR PFLANZENTERRARIEN

DIE WAHL DES BEHÄLTERS

Manchmal bestimmen die gewählten Pflanzen Stil und Größe des Gefäßes, manchmal will ein ausgefallener Behälter bepflanzt werden. Ganz gleich, was den Ausschlag gibt: Ein Pflanzenterrarium muss nur zwei Voraussetzungen erfüllen:

Erstens sollte der Behälter, im Gegensatz zu den meisten anderen Pflanzgefäßen, keine Abzugslöcher aufweisen.

Zweitens sollte er mehr oder weniger ganz aus Glas bestehen, vorzugsweise aus hellem Glas, damit die Pflanzen möglichst viel Licht abbekommen. Für ein geschlossenes System benötigt man eine Abdeckung.

Zum Anlegen eines Pflanzenterrariums eignen sich Vasen, Apotheker- oder Marmeladengläser, Windlichter, Kugelaquarien, Reagenzgläser und sogar Glühbirnen (die Glühfäden vorher entfernen).

PFLANZSCHICHTEN

Zuunterst werden drei Schichten im Gefäß angelegt: Kies, Aktivkohle und Blumenerde. Zusammen sollen sie etwa ein Drittel der Gefäßhöhe einnehmen.

Füllen Sie zuerst den Kies als Drainageschicht ein. Die Größe der Steine muss zur Gefäßgröße passen. Nichts spricht gegen dekoratives Material, wie zum Beispiel bunte Steine oder zerstoßenes Glas. Optional kann man zusätzlich eine Lage Torfmoos aufbringen: Sie verhindert, dass Erde in den Kies gespült wird.

Als Nächstes kommt eine Schicht Aktivkohle. Sie dient als Wasserfilter und hält Bakterien in Schach. Sie ist online oder in Zoohandlungen und Gartencentern erhältlich (Aktivkohle wird auch in Aquarien verwendet).

Die letzte Schicht vor dem Bepflanzen ist das Substrat. Verwenden Sie Blumenerde, sie ist keimfrei und enthält, anders als Erde aus freier Natur, keine Pflanzenpathogene (schädliche Organismen). Aussaaterde ist die beste Wahl, insbesondere für ganz kleine Gefäße, da sie sehr fein ist. Universalerde lässt sich ebenfalls verwenden, wenn man zuvor die großen, verklumpten Stücke aussiebt.

KIES, GLAS, SAND ODER MOOS

ERDE

AKTIVKOHLE

MOOS (OPTIONAL)

KIES

Nach dem Bepflanzen die Erde am Pflanzenansatz bedecken: Kies, Glas oder Sand eignen sich besonders für Terrarien mit Kakteen und Sukkulenten, die sich über das auf diese Weise zusätzliche, reflektierte Licht freuen. Alternativ können Sie eine Moosschicht auslegen (Informationen zum Sammeln und Kultivieren von Moos siehe S. 56).

TERRARIUMBEPFLANZUNG

Überlegen Sie vor der Wahl eines Behälters, ob sich die von Ihnen ausgesuchten Pflanzen dafür eignen. Bedenken Sie, dass diese durch die Gefäßöffnung passen müssen. Hier ein paar Tipps und Tricks für gutes Gelingen.

TIPPS FÜR DIE BEPFLANZUNG

Benutzen Sie zum Einfüllen von Kies, Aktivkohle und Erde einen Trichter, den man aus Papier oder Pappe leicht selbst basteln kann. Damit lässt sich das Material gezielter und ordentlicher aufbringen.

Entfernen Sie so gut es geht die Erde von den Wurzeln und kürzen Sie gegebenenfalls lange Wurzeln, damit sich die Pflanzen leichter durch schmale Öffnungen führen und in die Erde einsetzen lassen.

Mithilfe einer Küchenzange oder mit Küchenspießen lassen sich die Pflanzen im Gefäß gut manövrieren, insbesondere bei schmalen Öffnungen.

Achten Sie bei der Pflanzenauswahl auf den geplanten Standort: Ist er warm oder kühl? Wie sind die Lichtverhältnisse? Pflanzenterrarien gehören an helle Standorte, aber nicht ins direkte Sonnenlicht, weil die Pflanzen dort verbrennen. Da Blätter der hellsten natürlichen Lichtquelle entgegenwachsen, müssen Sie das Gefäß regelmäßig drehen, damit sich gleichmäßiger Wuchs einstellt.

DEKORATION

Ob man das Pflanzenterrarium zusätzlich dekorieren möchte, ist Geschmackssache (und manchmal auch eine Platzfrage). Gut dazu passen Stücke aus natürlichen Materialien wie Terrakotta, Stein oder Holz. Um Kinder dafür zu begeistern, kann man zum Beispiel ein oder zwei Spielzeugfiguren, wie Tiger oder Dinosaurier, dazustellen oder einen kleinen Märchengarten anlegen (Miniaturmöbel und andere Requisiten gibt es im Online-Handel). Oder wie wäre es mit buntem Kies?

PFLEGE

Offene Behälter benötigen etwas Feuchtigkeit, besonders in geheizten Räumen. Am besten verwendet man eine Sprühflasche, um zu starkes Gießen zu vermeiden. Überprüfen Sie die Feuchtigkeit der Erde regelmäßig.
Bei geschlossenen Pflanzenterrarien ist nach dem Verschließen in der Regel keine Pflege mehr nötig, wenn man vom Reinigen der Scheibenaußenseiten absieht. Bei Befall mit Schimmel, Pilzen oder Schädlingen müssen die betroffenen Pflanzenteile sofort entfernt werden. Eventuell muss man zu stark wachsende Pflanzen regelmäßig stutzen.

MINI-GLASHÄUSER FÜR GRÜNPFLANZEN UND BLUMEN

Viele Pflanzen, die ohne direkte Sonnenbestrahlung auskommen, leben lieber in feuchtem als in trockenem Milieu und fühlen sich in einem Glasbehälter – egal ob offen oder geschlossen – sehr wohl. In der Regel gehören dazu Grünpflanzen, wie etwa Farne, aber auch andere Gewächse, wie Begonien, Fichten und Zwergpfeffer, gedeihen darin gut.

ANLEITUNG

SIE BENÖTIGEN:

- Vase mit breiter Öffnung/Glas/ Aquarienkugel
- Universalerde
- Farne und/oder Blütenpflanzen
- Pflanzenkelle
- Gießkanne

Setzen Sie die Zwergfarne in eine Schicht mit Kugel- oder Torfmoos.

Kombinieren Sie verschiedene Arten in einem Behälter.

Bepflanzen Sie mehrere unterschiedliche Gefäße mit derselben Farnart.

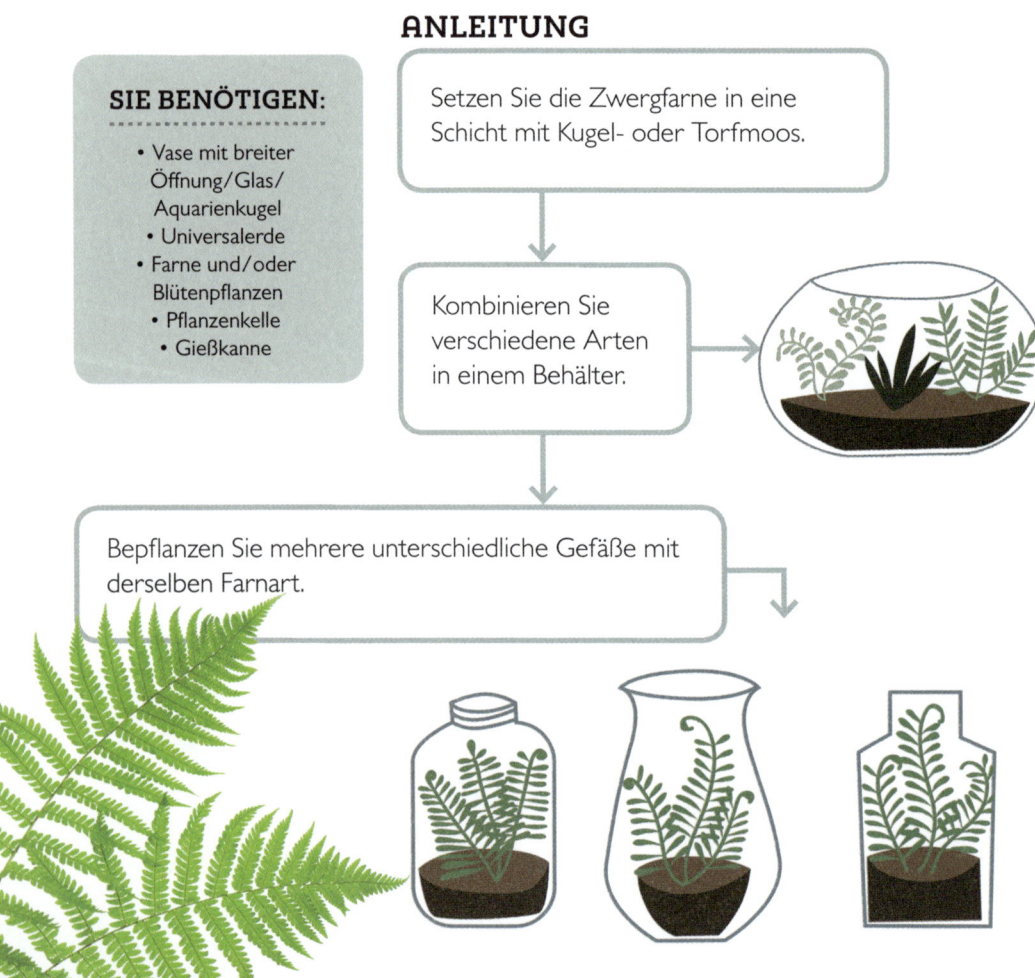

PFLANZENAUSWAHL

Für Blütenpflanzen sind offene Terrarien besser geeignet, da die empfindlichen Blüten aufgrund der hohen Feuchtigkeit im Gehäuse sonst verfaulen können. Gute Kandidaten sind zum Beispiel Orchideen und das Usambaraveilchen.

Falls Ihr Gartencenter keine Minipflanzen führt («mini» bezieht sich sowohl auf die endgültige Größe der Pflanze als auch auf die Topfgröße), werden Sie sicherlich bei einem der zahlreichen Onlinehändler für Terrarienpflanzen fündig, die eine große Auswahl an unterschiedlichen Grünpflanzen anbieten.

Als Orchideen eignen sich Nachtfalter-Orchideen (*Phalaenopsis* sp.) sehr gut, die auch im Miniaturformat problemlos erhältlich sind. Anders als die meisten anderen Pflanzen enthalten ihre Wurzeln Chlorophyll, mithilfe dessen sie über die Fotosynthese ihre Nahrung herstellen. Orchideen bevorzugen daher helle Standorte. Setzen Sie die Wurzeln einfach in ein Terrarium mit einer Lage Torfmoos und einer Drainageschicht aus Kies. Sie können die Pflanze sogar im Originalplastiktopf belassen und diesen mit weiterem Moos verdecken.

KAKTEEN IM GLASHAUS

Kakteen gehören zu den Sukkulenten und besitzen daher deren typische Anpassungen, um in feindlicher Umgebung überleben zu können: dickfleischige Blätter und Stängel zum Speichern von Wasser und Dornen zur Abwehr von Tieren, die an ihnen knabbern wollen.

SIE BENÖTIGEN:

- Glasvase
- Kaktuserde
- Sand/Vermiculit
- Gartenhandschuhe
- Kakteen
- Pflanzenkelle
- Gießkanne

Kakteen lieben es heller als Farne und mögen keine Feuchtigkeit, das Terrarium darf daher nicht abgedeckt werden. Eine breite Glasvase ist die beste Wahl.

ANLEITUNG

Kakteen benötigen durchlässige Erde, verwenden Sie Kaktuserde oder mischen Sie zwei Teile Universalerde mit einem Teil feinem Kies oder Grobsand.

Vorsicht bei der Handhabung von Kakteen: Benutzen Sie Gartenhandschuhe und halten Sie die Pflanze nach Möglichkeit immer am Topf oder Wurzelballen. Zum Umtopfen ins Gefäß eignet sich eine Küchenzange, mit der man den unteren Teil des Kaktus greift.

Nach dem Einpflanzen füllen Sie eine Schicht Sand oder Vermiculit auf die Erde. Sie verbreitet nicht nur schönes Wüstenflair, sondern reflektiert zudem Licht auf die Pflanzen.

Der Standort soll so hell wie möglich sein, jedoch ohne direkte Sonneneinstrahlung, damit die Kakteen nicht verbrennen. Achten Sie auch auf ausreichende Luftzirkulation, um zu hohe Luftfeuchtigkeit in Pflanzennähe zu vermeiden.

PFLANZENAUSWAHL

Wählen Sie für mehr Abwechslungsreichtum verschiedene Kakteenarten in unterschiedlichen Größen. Zwar hängt die Auswahl, wie bei den Sukkulenten, vom Angebot Ihres Gartencenters ab, ein paar Arten in kleinen Töpfen sind aber sicher dabei. *Mammillaria* *bombycina, Parodia magnifica* oder der Blaue Eisenstachel (*Ferocactus glaucescens*) sind relativ klein, allerdings wachsen die meisten Kakteen ohnehin nur sehr langsam und benötigen etliche Jahre, bis sie zu groß werden.

PFLEGE

Abgestorbene Pflanzenteile oder Unkraut lassen sich gut mit einer Pinzette oder Nagelschere entfernen.

In ihrem natürlichen Lebensraum nehmen Kakteen (in der Regensaison) eine große Menge Wasser auf einmal auf, dann lange Zeit nichts mehr. Daher vertragen sie keine Staunässe. Die Erde vorsichtig in kleinen Dosen gießen, bis Sand- und Erdschicht durchfeuchtet sind und das Wasser beginnt, ins Kies zu sickern. Beobachten Sie, wie die Kakteen nach dem Wässern aufquellen und allmählich wieder austrocknen.

FRÜHLINGSBLÜHER IM GLAS

Diese Variante ist kein Pflanzenterrarium im eigentlichen Sinne, weil die Blumenzwiebeln kein Substrat bekommen. Und Frühlingsblüher im Haus vorzeitig zum Blühen zu bringen, ist weniger ein Langzeit- als vielmehr ein Kurzzeitprojekt, wenngleich ein äußerst faszinierendes: Man kann täglich beobachten, wie aus der Zwiebel Triebe und Wurzeln sprießen.

SIE BENÖTIGEN:

• tiefe Glasschale oder Glasvase, breit genug für mehrere Zwiebeln (oder ein hohes Glas für eine einzelne Zwiebel)
• Kies, feine Kieselsteine oder zerstoßenes Glas
• Blumenzwiebeln von Frühlingsblühern

ANLEITUNG

Befüllen Sie die Schale oder Vase im Herbst zu etwa zwei Dritteln mit Kies und setzen Sie die Blumenzwiebeln darauf. Betten Sie sie leicht ein, damit sie aufrecht stehen bleiben. Füllen Sie das Gefäß soweit mit Wasser, dass die Zwiebeln genau über, aber nicht im Wasser sitzen und im Wasser Wurzeln schlagen können.

Stellen Sie das Gefäß an einen dunklen, unter 9° C kalten Standort (zum Beispiel hinten in den Kühlschrank). Falls regelmäßig Licht einfällt, das Gefäß mit einer Papiertüte abdecken.

Warten Sie, bis die Blumenzwiebeln zahlreiche Wurzeln ausgebildet und die Triebe eine Höhe von 4–5 cm erreicht haben. Das kann mehrere Wochen dauern, füllen Sie in dieser Zeit bei Bedarf Wasser auf.

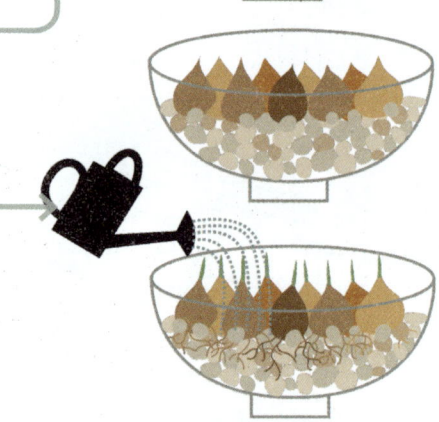

PFLEGE

Stellen Sie das Gefäß an einen kühlen, schattigen Platz, bis die Blätter der Zwiebeln grün werden; anschließend stellen sie es auf eine helle Fensterbank in einem warmen Zimmer. Der Standort soll zugfrei und nicht in Heizungsnähe sein. Nun sollte die Blütenbildung beginnen. Füllen Sie weiterhin nach Bedarf Wasser auf. Nach der Blüte die Zwiebeln umpflanzen (sie lassen sich nicht erneut vorzeitig austreiben, da ihre Energiereserven vom ersten Mal verbraucht sind.)

PFLANZENAUSWAHL

Tulpen, Hyazinthen und Narzissen sind die beste Wahl für diesen Minigarten und können im Herbst im Gartenhandel in kleinen Tüten oder einzeln gekauft werden. Nehmen Sie normale Blumenzwiebeln, da spezielle Zwiebeln für vorzeitiges Blühen nicht immer zufriedenstellende Ergebnisse bringen.

EIN WENIG WISSENSCHAFT

Um eine Blumenzwiebel vor ihrer Zeit zum Blühen zu bringen — und das im Zimmer und nicht im Erdreich —, muss man sie austricksen und ihr den Winter im Freien vorgaukeln. Daher wird sie in dunkler, kalter Umgebung gelagert, bevor man sie ins Warme bringt und sie, in der Annahme, der Frühling sei gekommen, zu wachsen beginnt. Diese als «Kältebehandlung» bezeichnete Methode lässt sich auch anwenden, um Samen aus der Samenruhe zu holen.

OBEN

An der flachen Basis bilden sich Wurzeln, am spitzen Ende die Triebe. Achten Sie darauf, die Zwiebeln richtig herum einzusetzen!

UNTEN

TERRARIEN MIT FLEISCHFRESSENDEN PFLANZEN

Die meisten Pflanzen ziehen sich die Nährstoffe aus dem Boden. Da sich fleischfressende Pflanzen auf mageren Böden entwickelt haben, gewinnen sie zusätzliche Nährstoffe aus den gefangenen Insekten.

Die Fangmethode variiert je nach Art. Bei der Venusfliegenfalle beispielsweise schnappt das Blättermaul zu, während Kannenpflanzen lange Röhren mit einer Verdauungsflüssigkeit besitzen, in die arglose Insekten hineinfallen.

ANLEITUNG

SIE BENÖTIGEN

- Spezialerde für fleischfressende Pflanzen
- Pflanzenkelle
- Gießkanne

Universalerde eignet sich hier nicht. Im Internet erhalten Sie Spezialsubstrat für fleischfressende Pflanzen, welches aber zusätzlich noch auf die jeweiligen Arten abgestimmt ist. Suchen Sie daher erst die Pflanzen und danach das passende Substrat aus. Die Pflanzen sollten klein, aber schon gut entwickelt sein. Sie werden meist als zweijährige Pflanzen im 9-cm-Topf angeboten.

Beim Einsetzen sorgfältig vorgehen, da die Blätter mitunter recht empfindlich sind. Außerdem ist es ratsam, auf die Moosschicht auf der Erde zu verzichten, da manche Pflanzen niedrigwachsend sind (z. B. die Fliegenfalle).

Wählen Sie einen hellen, frostfreien Standort. Während der Winterruhe darf es durchaus ein weniger prominenter Platz sein, der aber trotzdem hell und über 10° C warm sein muss. Im Sommer können die Pflanzen für ein paar Tage ins Freie (besonders, wenn man befürchtet, dass die Fliegenbeute zu mager ist), jedoch nicht ins direkte Sonnenlicht.

PFLEGE

Halten Sie die Erde dauerfeucht und nehmen Sie zum Gießen nur Regenwasser, da Leitungswasser zu alkalisch ist. Pflanzen auf diese Weise zu wässern, ist generell eine einfache, umweltfreundliche Methode. Fangen Sie das Regenwasser am besten in einer Regentonne auf, die Sie unter das Regenfallrohr stellen. Ansonsten ist ein flacher, breiter Auffangbehälter ratsam, da effektiver als ein schmaler, hoher.

Entfernen Sie gegebenenfalls tote Blätter und Blüten.

Die Pflanzen benötigen keinen Dünger.

SARRACENIA

PFLANZENAUSWAHL

Die Ansprüche an den Boden hängen von der jeweiligen Art ab. Nehmen Sie nur Pflanzen für sumpfige Böden (Arten für durchlässige Böden sind hier nicht geeignet), und pflanzen Sie nur Exemplare derselben Art in ein Gefäß. Es eignen sich:

- Venusfliegenfalle *(Dionaea muscipula)*.
- Sonnentau *(Drosera capensis oder D. aliciae)*; rollt die Blätter um die Beute.
- Großblütiges Fettkraut *(Pinguicula grandiflora)*: Winterhart, aber das Laub stirbt im Winter ab. Mit ihren klebrigen Blättern fängt die Pflanze Mücken und kleine Fliegen.
- Kannenpflanzen *(Sarracenia* sp.). Die Rote Schlauchpflanze *S. purpurea* besitzt purpurfarbene Kannen.

PFLANZENAQUARIEN

In einem Glasgefäß mit Wasser müssen nicht unbedingt Fische schwimmen: Auch Wasserpflanzen sind schön anzusehen und geben dort all das preis, was normalerweise unter Wasser verborgen bleibt.

SIE BENÖTIGEN:

- großes Glas oder Vase mit breiter Öffnung
- Universalerde
- Nadelige Sumpfbinse (optional)
- Wasserpflanzen
- Kies
- Wasser

Ein großes Glas oder eine Vase mit breiter Öffnung eignen sich, um eine einzelne Seerose in Szene zu setzen. Wenn sie länger Bestand haben soll, empfiehlt sich allerdings eine Sauerstoffpflanze als Begleitung. Das Gefäß sollte mind. 30 cm hoch und so breit sein, dass eine Seerose mit ihren Blüten und Blättern Platz findet.

ANLEITUNG

Stellen Sie die Pflanze samt Topf auf den Gefäßboden und füllen Sie rundherum (vorsichtig) Kies ein, bis der Topf verdeckt ist. Dann langsam Wasser dazu gießen, bis die Blattstängel gestreckt im Wasser stehen und die Blätter auf der Oberfläche schwimmen. Entwirren Sie gegebenenfalls ineinander verheddterte Blätter.

Falls Sie die Nadelige Sumpfbinse hinzufügen, stecken Sie sie in kleinen Büscheln in den Kies.

Wählen Sie einen hellen Standort in einem kühlen Raum ohne direkte Sonneneinstrahlung.

PFLEGE

Achten Sie darauf, dass der Wasserstand stets die erforderliche Höhe hat.

Bei Wassertrübung empfiehlt sich ein Wasserklärer für Fischaquarien. Befolgen Sie die Gebrauchsanweisung, um die Dosierung korrekt auf die Gefäßgröße anzupassen.

Entfernen Sie tote Blätter und Blüten der Seerose und schneiden Sie die Nadelige Sumpfbinse zurück, wenn sie zu groß wird.

PFLANZENAUSWAHL

Zu den Seerosen (lateinisch *Nymphaea*) in Miniatur gehören unter anderem *Nymphaea odorata* var. *minor* (*odorata* bedeutet «duftend»), die Zwergseerose (*Nymphaea tetragona*) und die Rote Zwergseerose *Nymphaea* 'Pygmaea Rubra'. Die *Nymphaea* 'Pygmaea Helvola' besitzt gelbe Blüten. Als Sauerstoffpflanze ist die Nadelige Sumpfbinse (*Eleocharis acicularis*) zu empfehlen.

TERRARIEN MIT MOOSEN UND FLECHTEN

Moose und Flechten gehören zu den außergewöhnlichsten und zugleich unscheinbarsten Organismen. Entgegen ihrem Aussehen sind Flechten gar keine Pflanzen sondern Symbiosen.

Ob flächiger oder aufrechter Wuchs, nur selten überschreiten sie eine Höhe von 5 cm, sodass sie sich hervorragend für Minigärten eignen. Flechten bestehen aus zwei oder drei unterschiedlichen Organismen, die in einer Gemeinschaft leben – Pilze, Algen und/oder Cyanobakterien. Diese symbiotische Beziehung ist noch immer Gegenstand wissenschaftlicher Debatten. Sie leben von Luft und von dem, was die eingesetzen Symbiosepartner beisteuern können. Mehr über Moose erfahren Sie auf S. 64–67.

Moose mögen kühle, feuchte Orte, zum Beispiel schattige Wälder.

MOOSE UND FLECHTEN SAMMELN

Beim Sammeln von Moosen und Flechten (und generell Pflanzen) in freier Natur sind bestimmte Regeln zu beachten: In vielen geschützten Gebieten, wie Naturschutzgebieten und Nationalparks, ist das Pflücken verboten. Die Moos- und Flechtenformen, die nachfolgend für die beiden Terrarien empfohlen werden, sind zwar weder selten noch geschützt, dennoch sollte man nicht mehr als nötig sammeln, und zwar nur an Stellen mit weitflächigem Bewuchs, damit Moos und Flechten rasch nachwachsen können.

Ideal für diesen Minigarten sind Kugel- oder Kissenmoose. Sie erinnern an kleine Grashügel und finden sich oft auf Dächern, Mauern und anderen Stein- oder Ziegelbauten. Kratzen Sie das Moos vorsichtig mit einem Messer ab, heben Sie den Mooshügel möglichst komplett vom Untergrund ab.

Flechten, die auf Ästen wachsen und sich in etlichen blaugrünen und gelben Farbtönen präsentieren, sind besonders schön. Schaben Sie die Flechte nicht vom Baum, sondern schneiden Sie stattdessen ein ganzes Zweigstück ab (mehr dazu auf S. 59).

STANDORT UND PFLEGE

Diese Pflanzen benötigen einen hellen Standort ohne direkte Sonneneinstrahlung, wenngleich sie schattigere Plätze durchaus besser vertragen als die meisten anderen Pflanzen. Ideal ist ein relativ kühler, heizungsferner Standort. Sie erfordern praktisch keine Pflege, außer, dass man sie ab und zu mit etwas Wasser besprühen muss. Moose und Flechten mögen leicht feuchte, aber saubere Luft. Flechten sind nur für offene Behältnisse geeignet (die Präsenz von Flechten ist übrigens ein Indiz für gute Luftqualität).

HÜGELLANDSCHAFT

Mit diesem pflegeleichten Terrarium lässt sich ein Tisch ganz einfach begrünen. Und will man Kinder dafür begeistern, dekoriert man die Landschaft z. B. mit einem Spielzeugschaf (das man aus Kissenfüllmaterial oder Plastik leicht selbst basteln kann; verwenden Sie keine natürlichen Materialien, da diese in der feuchten Luft verrotten).

SIE BENÖTIGEN:

- großes Glas oder Vase mit weiter Öffnung
- Universalerde
- Kies
- Moos
- Deko-Objekte (optional)

ANLEITUNG

Das Terrarium kann mit oder ohne Abdeckung angelegt werden. Wird ein Ast als Baum eingesetzt (siehe gegenüberliegende Seite), sollte es offen bleiben.

Legen Sie die Schichten so an, wie auf S. 43 beschrieben, dann pressen Sie die Mooshügelchen darauf. Um eine größere Oberfläche zu schaffen, können Sie versuchen, den Behälter auf die Seite zu legen, und Hügel und Täler auch ins Substrat formen. So wird die Hügellandschaft noch ein druckvoller.

PFLEGE

Besprühen Sie offene Pflanzenterrarien regelmäßig mit Wasser aus einer Sprühflasche – vorzugsweise mit Regenwasser –, damit das Moos nicht austrocknet.

DEKORATIVES BAUMSKELETT

In freier Natur besitzen absterbende oder tote Bäume – oft Eichen – kaum noch kleine, sondern nur noch wenige große Äste, die an Hirschgeweihe erinnern. Diese eindrucksvollen Gebilde lassen sich auch in Miniatur gestalten und sind obendrein noch mit wunderschönen Miniflechten verziert.

Halten Sie Ausschau nach einem interessant geformten Ast mit Flechtenbewuchs. Ideal sind Zweige in der Form eines Minibaums. Oder suchen Sie ein paar kleinere, mit Flechten bewachsene Zweige, die Sie am unteren Ende mit transparentem Faden oder Angelschnur zusammenbinden.

SIE BENÖTIGEN:

- hohe Glasvase oder Flasche
- Sekundenkleber oder Kies
- transparenten Faden oder Angelschnur (optional)

Die Zweige werden zwar vertrocknen und absterben, die Flechten dagegen bei guten Bedingungen noch länger gedeihen.

Auf Erde und Dünger kann man ganz verzichten, wenn nur Zweige zum Einsatz kommen. Damit sie nicht umfallen, werden sie einfach fest in etwas Kies gesteckt oder – für den minimalistischen Look – unten mit Sekundenkleber festgeklebt.

Alternativ legt man ein Moosterrarium an (siehe S. 58) und steckt die mit Flechten bewachsenen Zweige – als Baum oder Bäume in der Landschaft – in die Erde.

KAPITEL 3

VERTIKALE GÄRTEN

Vertikale Gärten sind die allerkleinsten der Minigärten. Sie sind der beste Beweis dafür, dass man keinen Garten braucht, ja noch nicht einmal eine Fensterbank, um schöne Pflanzen zu ziehen. Vertikale Gärten gibt es in zwei Varianten: als Hängegarten in einem Gefäß zum Aufhängen an Decke oder Wand oder als Bild oder Mobile aus Pflanzen, die kein Substrat benötigen.

EIN MOND AUS LUFTPFLANZEN

Luftpflanzen sind ideale Kandidaten für vertikale Gärten. Sie leben, quasi ausschließlich von Luft. Formen Sie aus mehreren Exemplaren eine Kugel und zaubern Sie sich so einen lebenden Mond ins Zimmer.

SIE BENÖTIGEN:

- Hühnerdraht oder ähnliches Drahtgeflecht
- dünnen Steckdraht (z. B. Blumendraht)
- Drahtschneider oder kräftige Schere
- Luftpflanzen (gut geeignet ist Louisiana-Moos, *Tillandsia usneoides*)
- Band/Schnur/ transparenten Faden/ Angelschnur

ANLEITUNG

Formen Sie zunächst aus dem Drahtgeflecht eine Kugel in gewünschter Größe und verbinden Sie die Ränder mit Steckdraht. Schneiden Sie überstehende und scharfe Drahtenden ab, damit nichts mehr von der Kugel absteht.

Befestigen Sie die Luftpflanzen nun einzeln vorsichtig mit einer Drahtschlaufe an der Kugel. Achten Sie auf festen Sitz, den Draht jedoch nicht zu stramm um die Blätter ziehen, damit sie nicht erdrosselt werden. Bedecken Sie auf diese Weise die ganze Kugel, es sollen keine offenen Stellen mehr zu sehen sein, wenn sie hängt. Setzen Sie die Pflanzen so, dass sie sich leicht überlappen, damit eine geschlossene Grünschicht entsteht.

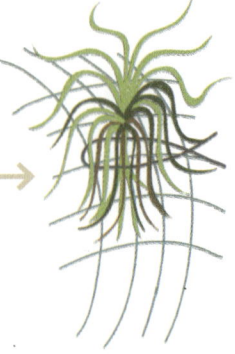

Bevor Sie die letzte Pflanze anbringen, befestigen Sie ein Stück Schnur an der Kugel (oder einen kräftigen transparenten – doppelt oder dreifach gelegten – Faden, damit es aussieht, als ob ein Mond im Raum schwebe). Wenn die Kugel rundherum begrünt ist, wird sie an die Decke gehängt. Wählen Sie einen sonnigen Platz, aber nicht in Nähe eines Heizkörpers, sonst trocknet sie zu rasch aus.

PFLEGE

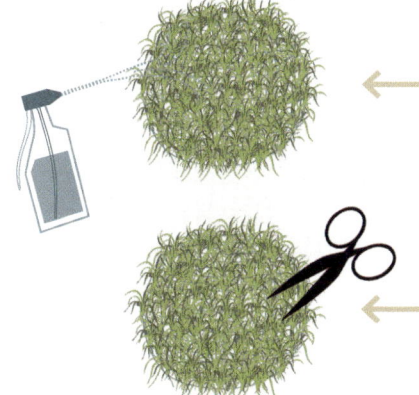

Besprühen Sie den Pflanzenmond täglich mit Wasser aus einer Sprühflasche (idealerweise mit Regenwasser).

Bei zu üppigem Wuchs können die Blätter einfach mit einer Schere getrimmt werden.

VON LUFT LEBEN

Luftpflanzen gehören zu einer als Epiphyten oder Aufsitzer bezeichneten Gruppe. In freier Natur wachsen sie auf anderen Pflanzen, benutzen diese jedoch nur, anders als zum Beispiel Misteln, als Stütze beim Wachsen und entziehen ihrem Wirt keine Nährstoffe oder Wasser. Die Feuchtigkeit nehmen sie sich aus der Luft, die Nährstoffe aus Staub und anderen Rückständen, die auf ihre Blätter wehen.

MOOSKUNST

Auch Moos benötigt fast nichts zum Gedeihen, und aus kleinsten Fragmenten wächst wieder neues nach. Ziehen Sie verschiedene Moosarten in einem alten Bilderrahmen und schaffen Sie so ein Stück lebende Kunst.

Hat man draußen gar keinen Platz zum Bepflanzen, lässt sich wenigstens der Blick auf eine kahle, eintönige Wand oder Mauer verschönen: Mit «Moos-Graffiti» zaubert man sich eine immergrüne Aussicht auf Hügellandschaften oder Bäume. Hinweise zum Moossammeln finden Sie auf Seite 57.

SIE BENÖTIGEN:

- einen alten Bilderrahmen mit Rückwand, aber ohne Glas
- Wellpappe
- Weißleim oder Klebepistole
- Pinsel zum Auftragen des Leims
- Moospflanzen
- Sprühflasche

MOOSBILD

Die beste Wirkung erzielt man mit Moos, das in Form kleiner, kompakter Hügel und mit unterschiedlichen Grüntönen und/oder Texturen wächst. Gut «malen» lässt sich ein Bild im Stile Mondrians. Die besonders Ehrgeizigen können sich an einem Porträt versuchen!

ANLEITUNG

Die Wellpappe auf Rahmengröße zuschneiden, in den Rahmen legen und mit der Rückwand befestigen. Wenn Sie sich ein Muster überlegt haben, zeichnen Sie es auf der Pappe vor.

Tragen Sie nun mit dem Pinsel (oder mit einer Klebepistole) Leim auf die Pappe auf, und zwar immer nur kleine Flächen auf einmal.

Dann das Moos auf die Klebefläche setzen und ein paar Sekunden fest andrücken, bis es gut hält. Auf diese Weise den gesamten Rahmen füllen. (Vorsicht: Kommen Sie nicht mit dem heißen Leim in Berührung! Um Kranzmoos mit einer Klebepistole zu befestigen, drücken Sie mehr Moos als nötig auf und schütteln den Rest ab.)

PFLEGE

Hängen Sie das Bild auf. Es benötigt etwas Sonnenlicht, verträgt aber ein relativ schattiges Plätzchen – aber nicht in Heizungsnähe, da die Pflanzen sonst austrocknen. Besprühen Sie das Bild täglich mit Wasser aus einer Sprühflasche (idealerweise mit Regenwasser).

MOOSGRAFFITI

Nicht viele Pflanzen würden eine Zerkleinerung im
Mixer überleben: Moos überlebt es nicht nur, son-
dern wächst danach wieder auf normale Größe.
Machen Sie sich diese außergewöhnliche Eigen-
schaft zunutze, um ein Bild mit Moos auf eine
Mauer im wahrsten Sinne des Wortes zu malen.

ANLEITUNG

Waschen Sie die Erd-
klümpchen aus dem
Moos heraus und zer-
reißen Sie es in kleine
Stücke. Moos, Wasser,
Wasserspeichergel und
Buttermilch in den Mi-
xer geben und solange
mixen, bis eine glatte,
gelartige Masse ent-
steht.

SIE BENÖTIGEN

• Moospflanzen (750 ml)
• Wasser (750 ml)
• Wasserspeichergel
(250 ml)
• Buttermilch (250 ml)
• Mixer
• Eimer oder Schüssel
• Pinsel
(Die Mengen
müssen nicht exakt
dossiert werden)

Schütten Sie die Masse nun in eine Schüssel
oder einen Eimer. Sie sollte körnig sein, aber
nicht klumpen.

Verteilen Sie das flüssige Moos im gewünschten Muster mit dem Pinsel auf der Mauer. Sie können «freihand» malen, eine Schablone verwenden oder das Muster mit Kreide auf der Mauer vorzeichnen.

PFLEGE

Auf einer schattigen Mauer halten sich Moosgraffiti am besten. An anderen Standorten muss man sie unter Umständen zweimal wöchentlich oder öfter mit Wasser besprühen.

Das Moos wird sich beim Wachsen natürlich nicht an die Vorlage halten. Damit die Bildkonturen scharf bleiben, das Moos mit einem Messer abschneiden oder abschaben.

KOKEDAMA

Übersetzt bedeutet Kokedama «in Moos gewickelt». In den Niederlanden verlieh man dieser alten japanischen Kunst einen modernen Touch, indem man sie als gefäßlosen Hängegarten gestaltete. Die Pflanze wird in einen Ballen aus lehmartiger Erde gepackt und mit Moos und Schnur umwickelt.

SIE BENÖTIGEN:

• Eine Pflanze
• Fasertorf
• Akadama-Bonsaierde
(in Onlineshops
erhältlich)
• Rührschüssel
• Sphagnum-Moos
• gewachste Kordel
oder Polyesterfaden
• Grassamen (optional)

Die Kugel wird dann als «schwebender» Garten an einer Schnur aufgehängt (man kann sie allerdings auch aufstellen). Hängt man mehrere Pflanzen als Gruppe auf, entsteht ein ungewöhnlicher Minigarten. Um den Wuchsraum zu vergrößern, kann man Gras oder andere niedrigwachsende Pflanzen auf der Mooskugel aussäen. Aber denken Sie daran: Gras wächst nur nach oben (siehe S. 72). Es kommt fast jede Pflanze für diesen Hängegarten in Betracht, allerdings sollte man keine Pflanzen mit großen, dünnen, leicht welkenden Blättern verwenden. Generell eignen sich mehrjährige Pflanzen besser. Soll die Kugel draußen hängen, muss die Pflanze winterhart sein.

ANLEITUNG

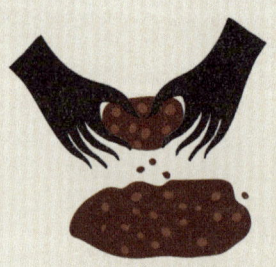

Die Pflanze aus dem Topf nehmen und den Topf zu zwei Dritteln mit Fasertorf und zu einem Drittel mit Akadamaerde füllen. Das Ganze in eine Schüssel umfüllen und mit so viel Wasser gründlich durchkneten, bis alles gut zusammenklebt.

Befreien Sie die Wurzeln vorsichtig von der Erde und formen Sie die Substrat-Mischung als Kugel um die Wurzeln.

Nun Moos um die Kugel wickeln, bis das Substrat vollständig bedeckt ist, und fest andrücken, damit es gut hält.

Dann eine Kordel – nicht mehr als nötig – um das Moos binden. Achten Sie darauf, dass sie nicht zu lang ist – das sieht nicht schön aus.

Zum Aufhängen wird eine lange Schnurschlaufe an der Kugel befestigt, und zwar so, dass der Pflanzenstängel nach oben zeigt, wenn die Kugel hängt. Optional können Sie vor dem Aufhängen noch Grassamen auf die Kugel säen.

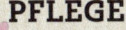

PFLEGE

Um festzustellen, ob der Pflanzenball Wasser benötigt, wiegen Sie ihn in der Hand – je leichter, desto weniger Wasser hat er. Zum Wässern den Ball eine Stunde lang in einen Eimer mit Wasser legen, dann zum Abtropfen an geeigneter Stelle aufhängen, bevor man ihn an seinen Platz zurückbringt.

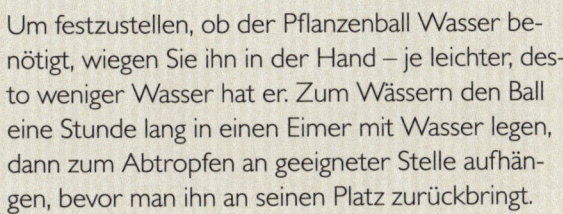

Geben Sie im Frühjahr und Sommer zur Hälfte verdünnten Flüssigdünger ins Wasser.

HÄNGEGÄRTEN

Wenn Sie keine Fensterbank zur Verfügung haben, dann denken Sie vertikal. Erschaffen Sie kreative hängende Gärten oder hängen Sie Kräuter als pflückbereite Beilage über den Küchentisch. Im Freien sind Hängekörbe farbenprächtige Hingucker.

GEFÄSSE FÜR DRAUSSEN

Hängekörbe gibt es im Handel. Für große Wirkung empfiehlt sich dichte Bepflanzung. Drahtkörbe benötigen eine (als Zuschnitt erhältliche) Vlieseinlage, damit die Erde nicht ausgeschwemmt wird. Wenn die Halterung stark genug ist, können Sie mehrere Körbe untereinander hängen oder zwei als Kugel zusammenbinden.

GEFÄSSE FÜR DRINNEN

Blumenampeln für Zimmerpflanzen gibt es in allen erdenklichen Stilen und Preisklassen. Achten Sie darauf, dass das Gefäß die passende Größe für Zimmer und Pflanze(n) hat. Es sollte keine Abzugslöcher besitzen, damit nichts heraustropft, ansonsten müssen Sie einen geeigneten Platz für die Pflanze suchen und sicherstellen, dass die Ampel zum Gießen leicht abgenommen werden kann.

Mit ein wenig Fantasie lassen sich auch andere Gefäße zu Blumenampeln umfunktionieren, z. B. Marmeladengläser oder halbierte Plastikflaschen, die an einer Schnur aufgehängt werden (auch als Pflanzenterrarium geeignet, siehe Kapitel 2). Oder Sie stellen einen Blumentopf in einen antiken Vogelkäfig und lassen die Pflanze durch die Stäbe wachsen.

Behalten Sie immer das Gesamtgewicht von Pflanze, Topf, nasser Erde und Aufhängung im Auge und vergewissern Sie sich, dass die Halterung für das Arrangement auch wirklich stark genug ist.

HÄNGENDE KUGEL

Hängende Korbkugeln eignen sich gut für kurzlebige Pflanzen, wie Schnittsalate, nicht aber für mehrjährige Kräuterpflanzen. Schneiden Sie Löcher ins Vlies und stecken Sie dort die Jungpflanzen ein. Bepflanzen Sie dicht, aber mit ausreichendem Abstand zwischen den Pflanzen, damit diese sich gut entfalten können.

INS VLIES KÖNNEN LÖCHER GESCHNITTEN WERDEN

WARUM MANCHE PFLANZEN NACH UNTEN HÄNGEN UND ANDERE NICHT

Es gibt zwar Spezialgefäße, um Pflanzen (z. B. Kräuter und Tomaten) kopfüber zu ziehen. Davon ist jedoch abzuraten, denn selbst wenn die Pflanze zunächst nach unten wächst, werden sich ihre Stängel nach kurzer Zeit krümmen und nach oben wachsen: ihre Hormone sind einfach stärker als die ästhetische Absicht des Gärtners! Dasselbe gilt für kriechende Pflanzen: diese wachsen von Natur aus nicht über den Gefäßrand hinaus.

Gesteuert wird diese Wachstumsbewegung von Hormonen im Pflanzenstängel, dank derer die Pflanze nach oben und zum Licht wachsen kann. Diese als Gravitropismus bzw. Fototropismus bezeichneten Prozesse sind für die Pflanze überlebensnotwendig, um sich gegen Konkurrenten behaupten zu können. Erst jahrelange Züchtungen, bei denen man die Neigung mancher Pflanzen zum flächig ausbreitenden Wuchs förderte, führten schließlich zu kriechenden/hängenden Varietäten.

GRAVITROPISMUS =
Nach oben gerichtetes Wachstum von Stängeln

FOTOTROPISMUS =
zum Licht gerichtetes Wachstum

PFLANZENAKTE:
HÄNGEGÄRTEN

Zwar lässt sich jede Pflanze im Topf aufhängen, aber wenn sie über den Rand nach unten hängen sollen, benötigen Sie Hänge- oder Kriechpflanzen. Hier eine Auswahl:

Einjährige Pflanzen
Es gibt etliche kriechend wachsende Sommerbeetsorten, etwa bei Lobelien, Pelargonien, Petunien und Verbenen. Beachten Sie entsprechende Hinweise auf dem Pflanzenetikett.

Grünlilie
(Chlorophytum comosum)
Die grasartigen Hauptblätter wachsen zwar relativ aufrecht, aber die von der Pflanze gebildeten Ausläufer mit den Ablegern hängen über den Rand nach unten.

Silberregen
(Dichondra argentea)
Die silbrigen Blätter fallen in Kaskaden nach unten. Obwohl die Pflanze häufig für Sommerbeete verkauft wird, ist sie ausdauernd und gedeiht im Zimmer ganzjährig.

Efeu
(Hedera-Arten)
Viele kleinblättrige Efeuarten eignen sich als Hängepflanzen für drinnen und draußen.

WANDGÄRTEN

Für Wandgärten am besten geeignet sind niedrigwachsende und teppichbildende Pflanzen, sowohl ein- als auch mehrjährige Varianten.

Salatpflanzen
Probieren Sie Kopfsalat, Schnittsalat, Radicchio, Spinat, Mangold, Erbsensprossen oder Radieschen.

Zwerg- oder Hängetomaten
Versuchen Sie es mit 'Red Robin', 'Tumbling Tom' oder 'Hundreds and Thousands'.

Einjährige oder niedrigwüchsige Kräuter
Geeignet sind Basilikum, Petersilie, Thymian oder Kriechender Rosmarin.

Erdbeeren
können ebenfalls vertikal gezogen werden, wenn man sie gut wässert (vgl. S. 104).

Zierpflanzen
Für Wandgärten geeignete Zierpflanzen sind zum Beispiel der teppichbildende Bubikopf *(Soleirolia soleirolii)*, Purpurglöckchen *(Heuchera* sp.) mit ihren farbigen Blättern von Lindgrün bis Blassorange und dunklem Purpur, Fetthennen- *(Sedum* sp.) sowie die grasartigen Seggen-Arten *(Carex* sp.). Günsel besitzt tiefblaue Blüten, das Spanische Gänseblümchen *(Erigeron karvinskianus)* ist über die Sommermonate mit winzigen rosa und weißen Blüten übersät.

WANDGÄRTEN

Ein Wandgarten beansprucht so gut wie keinen Platz auf dem Boden, egal, ob er aus einer einzigen Topfpflanze auf einem Regal besteht oder aus einem vertikalen Minigemüsebeet.

WACHSTUM OHNE ERDE

Manche Pflanzen sind epiphytisch und können sich Wasser und die benötigten Nährstoffe aus der Luft ziehen, die meisten müssen sich diese jedoch aus dem Boden holen. Die technischen Fortschritte machen es dennoch möglich, normale Gartenpflanzen ganz ohne Erde zu ziehen.

Man nennt dies Hydrokultur. Sie wird im gewerblichen Bereich, wo man von Hydroponik spricht, hauptsächlich zum Ziehen von Salatpflanzen in kommerziellen Gewächshäusern sowie für grüne Fassaden und vertikale Gärten an großen Gebäuden eingesetzt. Das Prinzip ist immer dasselbe: Die Wurzeln sitzen nicht in Erde, sondern hängen in einem steten, mit Flüssigdünger angereicherten Wasserstrom, der aus einem Tank gepumpt wird. Die Pflanzen nehmen auf, was sie benötigen, ohne zu ertrinken, da das Wasser durch die ständige Bewegung mit Sauerstoff angereichert ist.

So können Salatpflanzen kontrolliert und die Nährstoffkonzentrationen im Dünger bei Mangelerscheinungen sofort angepasst werden. Bei einer grünen Wand ist das Gewicht des Gartens stark reduziert, da keine Erde benötigt wird, gleichzeitig ist die Versorgung der Pflanzen mit Wasser und Nährstoffen sichergestellt, was ansonsten recht aufwendig wäre.

GRÜNE WÄNDE

Während bei kommerziellen und großflächigen Fassadenbegrünungen häufig Hydrokultur zum Einsatz kommt, werden im privaten Bereich in der Regel Pflanzsäcke mit ein- oder mehrjährigen Pflanzen aufgehängt. Die Anzahl kann je nach verfügbarem Platz variieren, allerdings bieten die Säcke keinen besonders schönen Anblick, solange die Pflanzen zu klein sind, um sie zu kaschieren. Die Pflanzen müssen regelmäßig und vorsichtig gegossen werden.

Mit ein wenig Do-it-yourself lassen sich auch andere Pflanzsysteme bauen, sowohl für die Wand als auch in einem freistehenden (und gut gesicherten) Rahmen. Sehr einfach ist zum Beispiel der Einsatz von Regenrinnen: Sie werden an der Wand befestigt, nachdem beide Enden abgeschnitten und mit Blumenerde gefüllt wurden. Regenrinnengärten sind optimal für schnell wachsende Gemüsepflanzen wie Salate und einjährige Kräuter, die man innerhalb einer Vegetationsperiode mehrmals säen, ernten und erneut aussäen kann.

TIPP ZUM REGALGÄRTNERN

Blumentöpfe können sich auf einem Regalbrett sehr gut machen (sicherstellen, dass die Wandbefestigung das Gewicht hält). Wenn Sie mehrere Töpfe als Gruppe kombinieren, sollten Sie auf einen Designertrick zurückgreifen und ein einheitliches Grundthema wählen: z.B. alle Blumentöpfe in derselben Farbe (Form und Größe können variieren) oder Pflanzen mit derselben Blattfarbe in unterschiedlichen Formen.

KRANZGÄRTEN

Kränze muss man nicht auf die Haustür zur Weihnachtszeit beschränken. Lebende Kränze lassen sich mit Sukkulenten oder Moos als Minigarten gestalten und sind ein reizvoller Blickfang an Tür oder Wand (gut befestigen, da sie schwer sein können).

SIE BENÖTIGEN:

- Korken
- scharfes Messer mit schmaler Klinge
- kleine Magneten
- Sekundenkleber oder Klebepistole
- Universalerde
- Löffel
- Sukkulenten-Ableger (siehe nächste Seite)

EIN KORKENKRANZ FÜR DEN KÜHLSCHRANK

Alte Weinkorken sind tolle Pflanzgefäße für winzige Sukkulenten – Sektkorken sind sogar noch besser! Für einen Minigarten am Kühlschrank beklebt man die Korken auf einer Seite mit einem kleinen Magneten.

ANLEITUNG

Höhlen Sie zunächst jeden Korken in der Mitte mit dem Messer aus. Das Pflanzloch soll möglichst groß werden, ohne jedoch die Stabilität von Seiten und Boden zu gefährden. Verwenden Sie nach Möglichkeit einen Schraubstock zum Halten der Korken, um Verletzungen zu vermeiden.

Auf jeden Korken einen Magneten kleben und den Leim trocknen lassen. Anschließend mit einem Löffel Erde in jeden Korken einfüllen.

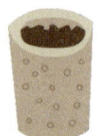   

Setzen Sie nun in jeden Korken eine Sukkulente ein, achten Sie auf festen Sitz.

Arrangieren Sie die Korken in Form eines Kranzes auf dem Kühl- oder Gefrierschrank oder einer anderen magnetischen Oberfläche.

PFLEGE

Besprühen Sie die Pflanzen regelmäßig mit Wasser aus einer Sprühflasche.

SUKKULENTEN SELBST VERMEHREN

Viele rosettenförmige Sukkulenten bilden kleine Ableger, die man vorsichtig (nach Möglichkeit mit ein paar Wurzeln) ausgraben und umtopfen kann. Sich verzweigende Sukkulenten lassen sich mit Stecklingen vermehren: Schneiden Sie ein kleines Zweigstück ab und legen Sie es an einen trockenen, sonnigen Ort, bis sich Kallus über der Wunde bildet. Dann in frisches Substrat einsetzen, damit sich neue Wurzeln bilden können und die Pflanze wachsen kann.

ABLEGER

EIN SCHNURKNÄUELKRANZ

Schnurknäuel bieten etwas größere Pflanzlöcher als Korken und eignen sich somit für größere Pflanzen. Allerdings empfehlen sich auch hier langsam wachsende Sukkulenten oder Kakteen. Der Kranz kann klein oder groß sein, die Schnurfarbe natur oder bunt.

ANLEITUNG

Jedes Schnurknäuel auf der Unterseite mit zusammengepresster Watte gut abdichten und mit Draht am Rohling befestigen. Auf diese Weise den gesamten Drahtkranz bestücken. Die Löcher der Schnurknäuel müssen nicht lotrecht nach oben zeigen, aber es darf keine Erde herausfallen.

SIE BENÖTIGEN:

• komplette Schnurknäuel, Verpackung entfernen, Enden einstecken
• Watte
• Drahtkranz-Rohling
• dünnen Draht
• Universalerde
• Löffel
• kleine Sukkulenten oder Kakteen

Befüllen Sie jedes Knäuel mit etwas Blumenerde und setzen Sie eine Sukkulente/ein Kaktus ein.

PFLEGE

Besprühen Sie die Pflanzen regelmäßig mit Wasser. Der Kranz braucht einen hellen Standort, aber kein direktes Sonnenlicht, da er sonst schneller austrocknet. Er ist ein wunderschöner Blickfang an Außentüren.

SIE BENÖTIGEN:

• Drahtkranz-Rohling
• Sphagnum-Moos
• Gartenschnur
• Sukkulenten
(z. B. Echevarien)
• dünnen Draht

EIN KRANZ AUS SUKKULENTEN

Für eine schöne Begrünung werden die Pflanzen ohne Töpfe verwendet. Wer es einfacher mag, bestückt den Kranz mit mehr Moos und weniger Sukkulenten.

ANLEITUNG

Den Drahtkranz mit Sphagnum-Moos fest umwickeln, es bildet den Untergrund, in dem die Pflanzen wurzeln. Es muss also gut sitzen und Feuchtigkeit halten können. Umwickeln Sie das Ganze gegebenenfalls mit Schnur.

Nehmen Sie die Sukkulenten aus den Töpfen und säubern Sie die Wurzeln von der Erde, bis nur noch ein kleiner Wurzelballen übrig ist.

Nun den unteren Teil der Pflanze mit einem Stück Draht durchstechen und damit am Rohling befestigen, der Wurzelballen liegt auf dem Moos (er wird nach der Fertigstellung von den Blättern der anderen Pflanzen verdeckt). Bestücken Sie auf diese Weise den ganzen Kranz, bis kein Wurzelballen mehr sichtbar ist. Auch kleine Rosetten oder Pflanzenteile können angebracht werden, sie schlagen meist ebenfalls Wurzeln.

PFLEGE

Den Kranz einen Monat lang flach lagern und das Moos regelmäßig mit Wasser aus einer Sprühflasche besprühen. Danach mit Band oder Draht an einer Wand oder Tür aufhängen. Das Moos regelmäßig besprühen, damit es feucht bleibt.

KAPITEL 4

WASSER- UND NATURGÄRTEN

Auch ein Minigarten bietet allerlei Getier nützlichen Lebensraum, und ist er erst einmal angelegt, werden neue Bewohner nicht lange auf sich warten lassen. Ein Teich muss nicht größer sein als ein Eimer, selbst eine Tasse reicht aus. Gestalten Sie einen Minigarten aus Gras, Blumen und was sonst noch dazu gehört, um Bienen und Schmetterlinge mit wertvollem Nektar anzulocken, oder bauen Sie ein Minihäuschen für die Minitiere unserer Erde, die Wirbellosen.

MINITEICHE

Ein Miniteich ist für Fische oder Wasservögel zwar zu klein, aber
Libellen, Wasserläufern und anderen Insekten bietet er wertvollen
Raum zum Leben. Vielleicht lockt er sogar Frösche, Kröten oder
Teichmolche an. Gleichzeitig dient er als Vogeltränke. Füllen Sie ihn
nach Möglichkeit mit Regenwasser (siehe S. 53), ansonsten lassen
Sie das Leitungswasser vor dem Anlegen zwei Tage stehen.

GEEIGNETE BEHÄLTNISSE

Zum Anlegen eines Teichs eignet sich fast alles
vom Eimer über Bottich bis zum Trog. Dichten
Sie Löcher im Behältnis, soweit vorhanden, gut ab.
Gefäße, die mit Farben, Pflege- oder Imprägnier-
mitteln behandelt wurden, müssen vorher innen
gut abgeschrubbt und gereinigt werden. Holzbe-
hältnisse zunächst mit Wasser füllen und solange
nachfüllen, bis das Holz aufquillt und so kleinere
Lücken schließt (größere Öffnungen müssen Sie
eventuell abdichten).

TEICHBEPFLANZUNG

Teichpflanzen werden in drei Hauptkategorien eingeteilt. Falls Platz vorhanden ist, empfiehlt es
sich, wenigstens eine Pflanze aus jeder Kategorie zu nehmen. Auf diese Weise sorgt man für
unterschiedliche Lebensräume und gesundes Wasser:

Uferpflanzen (z. B. Binsenge-
wächse) leben an Teichufern
in dauerfeuchter Erde und ragen über den Wasserspiegel.
Der Wurzelballen sollte sich
knapp unter der Wasseroberfläche befinden, setzen Sie ihn
gegebenenfalls auf eine Unterlage (z. B. einen Ziegel),
damit er höher liegt.

Wasserpflanzen (z. B. Seerosen) schicken ihre Blätter auf
langen Stängeln nach oben
und lassen sie auf der Wasseroberfläche schwimmen.
Sie sind im Wurzelballen mit
Erde am Teichboden veran-
kert. Sie helfen dabei, das
Wasser kühl zu halten und
bieten Wassertieren Schutz.

Sauerstoffpflanzen (z. B. Hah-
nenfuß) treiben frei unter
Wasser. Sie geben Sauerstoff
ins Wasser ab und bieten
Teichlebewesen ebenfalls
Rückzugsräume.

SICHERER ZUGANG

Wenn der Teich groß genug für Amphibien ist und er Vögel oder sogar Igel zum Trinken anlockt, sollte er für die Tiere leicht zugänglich sein und – wichtiger noch –, sie sollten auch leicht wieder herausfinden, damit sie nicht ertrinken. Legen Sie dafür eine Rampe an mit geringer Steigung und rauer, griffiger Oberfläche: Eine Holzrampe können Sie z. B. mit Hühnerdraht oder Schnur umwickeln.

ANLEITUNG

Die Pflanzen werden hier einfach in Wasserpflanzkörben ins Wasser gesetzt (perforierte Töpfe, in denen die Wasserversorgung der Wurzelballen sicherge-stellt ist; erhältlich im Gartenfachhandel). Diese zunächst mit Sackleinen auslegen und mit schwerer Gartenerde oder spezieller Teicherde füllen (keine Universal-erde verwenden, da diese zu nährstoffreich und für die Verwendung im Wasser zu leicht ist).

Legen Sie nun Steine oder Ziegel un-ter die Körbe der Uferpflanzen, damit sie im Wasser auf der richtigen Höhe sitzen, Seerosen werden auf den Teichboden gesetzt.

Für sehr kleine Teiche müssen Sie die Pflanzen vor dem Einsetzen eventuell teilen.

PFLEGE

Entfernen Sie im Spätsommer und Herbst verblühte und tote Pflan-zenteile. Im Frühjahr jede Pflanze aus ihrem Korb nehmen und in handliche Größen teilen.

PFLANZENAKTE:
MINITEICHE

Besorgen Sie sich die Teichpflanzen im Garten- oder Teichfachhandel.

UFERPFLANZEN
(WASSERTIEFE BIS 5 CM)
Zwergkalmus
(*Acorus gramineus* var. *pusillus*)
Büscheliges Gras, Höhe 7,5–10 cm.

Bachbunge
(*Veronica beccabunga*)
Blaue und weiße Blüten, bis zu 10 cm hoch.

UFERPFLANZEN
(WASSERTIEFE BIS 15 CM)
Schlangenwurz
(*Calla palustris*)
Weiße Blüten, dann rote Beeren
(Höhe 15–40 cm).

Wasserspinat
(*Ipomea aquatica*)
Benötigt eine Mindesttemperatur von 10° C.
Die Blätter können wie Spinat gegessen werden.
Bis zu 15 cm hoch.

Asiatische Sumpfschwertlilie
(*Iris laevigata*)
Blaue Blüten (Wuchshöhe 70 cm).

Korkenzieherbinse
(*Juncus effusus* var. *spiralis*)
Sie besitzt verdrehte Halme (45 cm hoch).

Sumpf-Vergissmeinnicht
(*Myosotis scorpioides*)
Weiße Blüten. Nicht tiefer als 10 cm ins Wasser
setzen.

Goldkeule
(*Orontium aquaticum*)
Gelbe Blütenähren (10–25 cm hoch).

Breitblättriges Pfeilkraut
(*Sagittaria latifolia*)
Essbare Wurzelknollen, benötigt 10 cm tiefe Erde,
darüber 15 cm Wasser (Wuchshöhe 50 cm und
höher).

SCHWIMMPFLANZEN
(WASSERTIEFE 10–30 CM)
Froschbiss
(*Hydrocharis morsus-ranae*)
Kleine, weiße Blüten. Im Winter stirbt die
Pflanze ab.

Seerose
(*Nymphaea* sp.)
Die Zwergseerose *Nymphaea odorata* var. *minor* besitzt duftende, weiße Blüten. *N.* 'Pygmaea
Helvola' trägt gelbe Blüten und bunte Blätter.
N. 'Pygmaea Rubra' hat rosa Blüten, *N. tetragona*
'Alba' weiße.

SAUERSTOFFPFLANZEN/
UNTERWASSERPFLANZEN
Wasserfeder
(*Hottonia palustris*)
Die Blätter bleiben unter Wasser, die violetten Blüten ragen im Frühjahr über die Wasseroberfläche.

Nadelige Sumpfbinse
(*Eleocharis acicularis*)
Bildet in Teichen mit einer Wassertiefe von
5–30 cm einen Unterwasserrasen.

NADELIGE
SUMPFBINSE

Die Schlangenwurz (*Calla palustris*) besitzt herzförmige Blätter und im Sommer exotisch anmutende Blüten.

GÄRTEN FÜR BIENEN UND SCHMETTERLINGE

Egal ob groß oder klein, Gärten sind von unschätzbarem Wert für Wild-
tiere als Lebensraum, Nahrungsquelle oder Rastplatz auf dem Heimweg
von einer anderen Futterquelle. Selbst eine Blumenwiese in kleinem
Maßstab bietet Bienen und Schmetterlingen Nektar und Schutz.

Einer Studie der britischen Universität Sheffield und der Königlichen Gartenbau-
Gesellschaft RHS *(Royal Horticultural Society)* zufolge profitieren Insekten am meisten
von einem großen Spektrum an unterschiedlichen Pflanzen und Blüten sowie von
langen Blütezeiten (sowohl einzelner Pflanzen als auch in der Abfolge der Blütezeiten
verschiedener Arten).

INSEKTEN AUF BESUCH

HONIGBIENE

Honigbienen Bienenstöcke können bis zu 60000
Honigbienen beherbergen, die von einer Königin regiert
werden. Die unfruchtbaren Arbeiterinnen kümmern
sich um die Larven, den Bau der Waben und sammeln
Nektar, während die einzige Aufgabe der männlichen
Bienen (Drohnen) die Paarung mit der Königin ist.

Hummeln Es gibt rund 25 *Bombus*-Arten, wie die Hummel auf Lateinisch heißt. Sie leben zu 100 bis 200 Tieren in Nestern, die sich
gewöhnlich im Boden, in Bäumen oder Komposthaufen befinden.

HUMMEL

Solitärbienen Diese Bienen leben alleine
und erziehen im Sommer den Nachwuchs
selbst. Die Nester bauen sie im Boden, in
hohlen Pflanzenstängeln, in altem Holz
oder wo immer sonst sie Schutz vor
Nässe finden.

Schweb- und Florfliegen Diese Insekten sind für den Garten sehr nützlich, denn ihre Larven ernähren sich von Blattläusen. Die Larven der Florfliegen sind schwarz. Schwebfliegen sind gelb-schwarz gestreift und können dank ihrem Schwebeflug leicht von Bienen und Wespen unterschieden werden.

SCHWEBFLIEGEN

FLORFLIEGEN

MARIENKÄFER

Marienkäfer Und wie viele Punkte haben sie nun? Die Anzahl reicht von nur zwei bis beachtlichen 24 mit Farbvariationen von Crèmefarben, Braun und Rot bis Schwarz. Die meisten halten Winterruhe und leben nur ein Jahr. Ein Marienkäfer kann im Laufe seines Lebens rund 5000 Blattläuse vertilgen.

Schmetterlinge und Falter Sie bevorzugen zwar flache Blütenformen, bedienen sich aber vom Nektar vieler Arten. Die verschiedenen Schmetterlings- und Falterspezies und ihre Raupen präsentieren sich mit den unterschiedlichsten Zeichnungen und sind oft sehr farbenprächtig. Halten Sie Ausschau nach Pfauenauge, Rotem Admiral, Distelfalter oder Gemeinem Blutströpfchen.

SCHMETTERLINGE
UND FALTER

EIN GARTEN IN DER KISTE

Wenn Sie keinen echten Garten Ihr Eigen nennen können, dann legen Sie doch einen Minigarten in einer Kiste an.

ANLEITUNG

Nehmen Sie eine Kiste, etwa eine alte Weinkiste, die ergibt eine schöne Fläche zum Bepflanzen, und bohren Sie ein paar Abzugslöcher in den Boden. Metallkisten sind nicht zu empfehlen, denn Metall leitet Temperaturen, sodass der Inhalt in der Sonne zu heiß bzw. bei Frost zu kalt wird.

SIE BENÖTIGEN:

- Holzkiste
- Universalerde
- Klee, Blumenzwiebeln
- leere Schneckenhäuschen

Füllen Sie nun Pflanzenerde in die Kiste.

Gestalten Sie eine blühende Wiese mit Klee – Bienen lieben diese Blüten. Säen Sie Samen oder graben Sie ein paar Exemplare aus dem Garten von Freunden aus (für viele ist Klee nur Unkraut, das man gerne loswird). Stutzen Sie die Pflanzen ungefähr einmal im Monat, damit sie niedrig bleiben und nicht den Randbereich erobern.

Am Rand wird die Kiste mit kleinen Pflanzen eingefasst, die für eine abwechslungsreiche Blütenpracht im Frühjahr, Sommer und Herbst sorgen. Nehmen Sie auch Zwiebeln von Frühjahrs- und Herbstblühern dazu und stecken Sie diese doppelt so tief ein, wie sie hoch sind.

Versenken Sie eine kleine Schale in der Erde, um einen winzigen, flachen Teich zu gestalten, der Insekten als Tränke dient. Setzen Sie gegebenenfalls Steine unter die Tränke, damit sie nicht zu tief liegt und keine Insekten darin ertrinken. Achten Sie auf frisches Wasser und füllen Sie regelmäßig nach.

Leere Schneckenhäuschen werden zu «Mini-Blumentöpfen» umfunktioniert: Einfach mit Blumenerde füllen und Sukkulentenstecklinge einsetzen.

Sorgen Sie dafür, dass Ihr Kistengarten für Insekten gut sichtbar ist. Er sollte in der Sonne stehen, damit sich die Insekten aufwärmen und Sonne zum Fliegen tanken können. Für den Balkon kann man anstelle einer Kiste einen Geländertopf oder eine Pflanzbrücke verwenden.

PFLEGE

Nach der Bepflanzung gut und regelmäßig gießen, damit die Erde feucht bleibt. Im Frühjahr und Sommer alle zwei Wochen mit Flüssigdünger versorgen. Pestizide niemals während der Blütezeit verwenden, weil sie auch Tieren schaden! Knipsen Sie verwelkte Blüten regelmäßig ab, um die Blütezeit zu verlängern.

PFLANZENAKTE:
NATURGÄRTEN

Empfehlungen zu Bestäuberpflanzen werden von mehreren Naturschutzorganisationen veröffentlicht (siehe auch S. 140). Mitunter findet sich ein entsprechender Hinweis auf dem Pflanzenetikett. Bestäuberpflanzen eignen sich auch für Minigärten, wobei fast alle kleinen Pflanzen nützlich sind. Verzichten Sie auf Pflanzen mit gefüllten Blüten, da sie den Weg zum Nektar versperren.

EIN- UND ZWEIJÄHRIGE PFLANZEN

Fleißiges Lieschen
(*Impatiens walleriana*)
Der Klassiker für Sommerbeete erreicht eine Höhe von 20 cm.

Lobelien
(*Lobelia* sp.)
Die kriechenden Beetpflanzen blühen im Sommer, Wuchshöhe nicht mehr als 20 cm, da sie über den Rand wachsen.

Vergissmeinnicht
(*Myosotis*-Arten)
Zweijährige Pflanze, die im ersten Sommer aus dem Samen heranwächst und im nächsten Frühjahr blüht. Wuchshöhe 15 cm.

Studentenblume
(*Tagetes* sp.)
Tagetes 'Starfire', 'Golden Gate' und 'Mowgli Bicolour' sind kleinere Varietäten (Höhe 15 cm) dieses Sommerblühers.

Veilchen/Stiefmütterchen
(*Viola* sp.)
Unter guten Bedingungen blühen sie von Frühjahr bis Herbst. Höhe 15 cm.

WILDES
STIEFMÜTTERCHEN

ZWIEBELN

Krokusse
(*Crocus* sp.)
Blüte zu Beginn des Frühjahrs oder im Herbst, Wuchshöhe 10 cm (unterschiedliche Sorten für jede Jahreszeit).

Schneeglöckchen
(*Galanthus nivalis*)
Sehr wertvoller Frühblüher, Wuchshöhe 15 cm.

Gartenhyazinthe
(*Hyacinthus orientalis*)
Frühjahrsblüher, 15 cm hoch.

Armenische Traubenhyazinthe
(*Muscari armeniacum*)
Dieser Frühjahrsblüher erreicht 20 cm Wuchshöhe, die Himmelblaue Traubenhyazinthe (*Muscari azureum*) 10 cm.

Narzisse
(*Narcissus* sp.)
Frühjahrsblüher. Wählen Sie Zwergsorten, wie z. B. *N. bulbocodium* oder *N.* 'Tête-à-tête', die nur 20–25 cm groß werden.

Herbst-Blaustern
(*Scilla autumnalis*)
Herbstblüher, Wuchshöhe 25 cm.

Die Blüten der Traubenhyazinthen (*Muscari* sp.) bieten den Bienen schon früh im Jahr wertvollen Nektar.

Schmetterlinge landen gern auf breiten, flachen Blüten (Dolden), wie die der Fetthenne.

PFLANZENAKTE
NATURGÄRTEN (FORTSETZUNG)

Achten Sie bei der Pflanzenauswahl auf Vielfalt, um möglichst zu jeder Jahreszeit Blüten zu haben. Die Blütezeit wird nachfolgend für jede Pflanze mit angegeben. Verwelkte Blüten bei den Einjährigen entfernen, um die Blütezeit zu verlängern.

MEHRJÄHRIGE PFLANZEN

Kriechender Günsel
(*Ajuga reptans*)
Blüte von Frühjahr bis Sommer, Wuchshöhe 15 cm.

Strand-Grasnelke
(*Armeria maritima*)
Polsterartiges Wachstum, 15 cm Höhe, Blüte im Frühjahr und Sommer.

Blaue Waldaster
(*Aster* 'Little Carlow')
Blüte im Spätsommer/Herbst, Wuchshöhe bis 50 cm. Schneiden Sie die Stängel gegen Ende Mai auf die Hälfte zurück, damit die Pflanze klein bleibt.

Blaukissen
(*Aubretia* sp.)
Kriechender Frühjahrsblüher, Wuchshöhe bis 15 cm.

Heidekräuter
(*Calluna* sp. und *Erica* sp.)
Varietäten sind als Sommer- und Winterblüher erhältlich, Wuchshöhe 20 cm.

Fetthennen
(*Sedum* sp.)
Geeignet sind viele der Steingartenvarietäten, z. B. *Sedum spathulifolium* (Sommerblüher, 6 cm hoch).

ESSBARE PFLANZEN

Nelken
(*Dianthus* sp.)
Polsterartig wachsend, essbare Blüten, Sommerblüher, Höhe 50 cm.

Walderdbeere
(*Fragaria vesca*)
15 cm hohe Pflanzen mit essbaren Blüten und Früchten den ganzen Sommer über.

Oregano
(*Origanum vulgare*)
15 cm hohe Kräuterpflanze mit essbaren Blättern und Blüten, Sommerblüher.

Primeln, Schlüsselblumen
(*Primula* sp.)
Frühjahrsblüher, essbare Blüten (Wuchshöhe 10 cm).

Thymian
(*Thymus vulgaris*)
Essbare Blüten im Sommer, essbare immergrüne Blätter, Höhe 15 cm.

Wie wäre es mit dem Anbau von Zwerggemüse? Auch dieses lockt mit seinen Blüten Bienen an. Versuchen Sie es zum Beispiel mit Buschbohnen oder Zwergsorten der Ackerbohne, oder säen Sie Babykarotten und Pastinaken.

THYMIAN

GÄRTEN FÜR MINIGETIER

Bienen und Schmetterlinge sind die auffälligsten der kleinen Gartenbesucher, aber auch anderes Kleingetier, wie Asseln und Käfer, die sich gern in Winkeln und Ecken verstecken, sind äußerst nützlich.

Alte Aststücke oder Baumstümpfe sind ein perfekter Lebensraum für Kleingetier, nicht nur wegen der zahlreichen Schlupfwinkel, sondern auch, weil das Totholz eine wichtige Nahrungsquelle für sie ist. Viele von ihnen spielen eine wichtige Rolle bei der Zersetzung von altem Pflanzenmaterial, sie helfen beim Zerkleinern und geben es dem Erdboden zurück. Suchen Sie sich ein Stück Totholz in einem Park oder Wald. Achten Sie darauf, dass es für den vorgesehenen Standort die passende Größe sowie ein paar größere Öffnungen zum Bepflanzen besitzt.

Totholzgärten, in denen alte Baumstümpfe und Totholz begrünt werden, mögen kühle, schattige Standorte. Zur Bepflanzung eignen sich Farne, Moose und andere Waldpflanzen – je kleiner die Pflanzen am Anfang, desto leichter lassen sie sich in eine Spalte oder Öffnung einsetzen.

SIE BENÖTIGEN:

- großes Stück altes Holz
- Universalerde
- kleine Pflanzen und/oder Moos

ANLEITUNG

Stellen Sie das Holz an seinen vorgesehenen Standort, bevor Sie mit dem Anpflanzen beginnen.

Suchen Sie eine größere Öffnung zum Einsetzen einer Pflanze. Schätzen Sie ab, wie viel Platz der Wurzelballen benötigt, und befüllen Sie den Boden entsprechend mit Erde. Nun die Pflanze einsetzen und ringsum, soweit es geht, Erde auffüllen.

Bepflanzen Sie auf diese Weise auch alle anderen geeigneten Öffnungen, kleinere Spalten können Sie mit Moos besetzen.

Essen Sie keine Pilze, die aus dem Holz sprießen, sie sind für Menschen sehr wahrscheinlich giftig.

PFLEGE

Überlassen Sie das Holz jetzt weitgehend sich selbst. Die Pflanzen nach Bedarf mit Wasser aus einer Sprühflasche besprühen.

Das eine oder andere Tierchen bewohnte das Holz vielleicht schon, bevor Sie es zu sich genommen haben. Weitere werden mit Sicherheit dazukommen.

KLEINGETIER IM VISIER

Es kreucht und fleucht im Minigarten. Die Krabbeltierchen, die Ihren Totholzgarten besiedeln werden, bevorzugen dunkle, feuchte Schlupfwinkel in Garten und Wald. Um sie zu beobachten, muss man das Holzstück einfach nur vorsichtig anheben. Machen Sie dies aber nicht allzu oft, damit die ständige Störung die Bewohner nicht vertreibt.

Verrottendes Holz ist Lebensraum für Pilze, Pflanzen und Kleingetier.

Käfer Die Larven des Hirschkäfers sind auf verrottendes Holz als Nahrungsquelle angewiesen. Die erwachsenen Männchen erkennt man leicht an ihrem «Geweih». Die Larven des Rotköpfigen Feuerkäfers leben unter lockerer Rinde. Erwachsene Schwarze Moderkäfer suchen tagsüber Schutz in dunklen Winkeln, um nachts auf Beutejagd zu gehen.

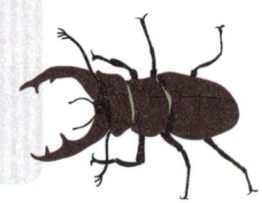

Hundert- und Tausendfüßer Der fleischfressende Hundertfüßer ist um einiges flotter unterwegs als der sich von abgestorbenen Pflanzenresten ernährende Tausendfüßer. Der Minigarten bietet beiden Unterschlupf und Nahrung.

Schnecken suchen tagsüber an dunklen, feuchten Stellen Schutz vor der Wärme, um in der Dämmerung zur Nahrungssuche hervorzukriechen. Wenn sie sich über die Pflanzen auf dem Totholz hermachen, sollte man sie besser umsetzen.

Spinnen In ihrem Netz sind Gartenkreuzspinnen leicht zu sehen, doch auch sie ziehen sich gern in die Villa für Minigetier zurück.

Asseln Diese kleinen, grauen Tierchen bevorzugen schattige, feuchte Plätze als Schutz vor Hitze und Trockenheit. Sie ernähren sich von verrottendem Pflanzenmaterial und sind von unschätzbarem Wert für das Ökosystem, weil sie dabei helfen, Nährstoffe wieder dem Boden zuzuführen.

KAPITEL 5

NUTZGÄRTEN

Selbst im kleinsten Gärtchen lässt sich Nahrhaftes ziehen. Doch wenn nur wenig Platz vorhanden ist, empfehlen sich Gewächse, die auf dem Teller etwas hermachen. Mikrogrün ist zwar klein, dafür umso riesiger im Geschmack, und mit seinen unterschiedlichen Farbtönen lässt sich ein Bild «malen» – säen nach Zahlen sozusagen. Andere lohnende Pflanzen für Minigärten sind zum Beispiel Kräuter oder Erdbeeren, die frisch gepflückt am besten munden. Und schließlich: Anstatt die Blattkrone einer Ananas zu entsorgen, verwandelt man sie in eine außergewöhnliche Zimmerpflanze. Unter den richtigen Bedingungen reift vielleicht sogar eine neue Frucht heran!

KRÄUTERGÄRTEN

Für den urbanen Look sind Hohlkammersteine – große Steine aus Schlacken-beton mit zwei großen Öffnungen – hervorragende Pflanzgefäße. Werden sie übereinandergestellt, schafft man Platz zum Bepflanzen.

SIE BENÖTIGEN:

• Einen oder mehrere Hohlkammersteine (aus Schlackenbeton), Größe ca. 44 x 21,5 x 21,5 cm
• Universalerde
• Eine oder mehrere Kräuterpflanzen in 9-cm-Töpfen
• Pflanzenkelle
• Gießkanne

Der Kräutergarten passt gut an eine sonnige Wand oder Balkonseite, sodass man stets frische Kräuter für die Kü-che parat hat.

ANLEITUNG

Schichten Sie die Steine mit festem, sicherem Halt aufeinander; maximal vier Blöcke in die Höhe. Als Pyramide gestapelt, erhält man eine gute Anzahl Pflanzlöcher, aber auch viele andere Formen sind denkbar.

Befüllen Sie jede geeignete Öffnung bis 2 cm unter den Rand mit Erde. Bilden mehrere über-einandergestellte Blöcke eine tiefe Öffnung, können Sie diese unten mit großen Steinen oder zerkleinertem Polystyrol auffüllen, um Erde und Gewicht zu sparen.

Setzen Sie in jede Öff-nung eine Pflanze ein. Gut wässern.

PFLEGE

Die Pflanzöffnungen sind klein, die Kräuter daher regelmäßig gießen, damit die Erde nicht völlig austrocknet. Immer nur kleine Wassergaben auf einmal verabreichen und warten, bis das Wasser eingesickert ist, damit die Erde nicht ausgeschwemmt wird.

Bei regelmäßiger Ernte für die Küche ist nur wenig Rückschnitt erforderlich. Schneiden Sie nach der Blüte im Sommer bis kurz über die Stelle zurück, an der die Stängelbasis von Braun zu Grün wechselt, damit die Kräuter kompakt und frisch bleiben. Etwa alle drei Jahre sollte man sie ersetzen.

PFLANZENAKTE:
KRÄUTERGARTEN

Für einen Garten aus Hohlkammersteinen benötigt man Pflanzen, die durchlässigen Boden mögen, da sie auf kleinem Wuchsraum gut zurechtkommen. Ideal sind mediterrane Kräuter: Sie stammen aus trockenen, sonnigen Klimazonen und fühlen sich in lockerem Schotter gewöhnlich wohler als in feuchtem Boden.

Rosmarin

(*Rosmarinus officinalis*)
Immergrün mit kleinen, schmalen, dunkelgrünen Blättern; ein äußerst vielseitiger Küchenhelfer. Die Stammform ist *Rosmarinus officinalis,* die Varietät 'Miss Jessop's Upright' ist noch aufrechter im Wuchs. Oder Sie nehmen Kriechenden Rosmarin *Rosmarinus officinalis* 'Prostratus'.

Thymian

(*Thymus* sp.)
Immergrüner, niedrigwachsender Halbstrauch mit meist hübschem, kugeligem Wuchs. Nehmen Sie z. B. Echten Thymian (*Thymus vulgaris*) oder Zitronenthymian, der ebenfalls empfehlenswert ist.

Lavendel

(*Lavandula* sp.)
In der Küche kommt Lavendel zwar nicht so oft zum Einsatz, für Minigärten ist er trotzdem ideal. *Lavandula angustifolia* besitzt den typischen Duft/Geschmack – nehmen Sie z. B. die Varietät 'Hidcote' oder eine weißblühende Variante. Schopflavendel (*Lavandula stoechas*) blüht im Frühsommer, ist aber nur bedingt winterhart und darf in der Küche nicht verwendet werden – er ist giftig!

Oregano/Majoran

(*Origanum* sp.)
Zu dieser Familie zählt Majoran (*Origanum marjorana*) und Sizilianischer Oregano (*Origanum x majoricum*). Die beste Wahl für Minigärten ist der Heidegünsel oder Polsterdost *Origanum vulgare* 'Compactum' mit kompaktem Wuchs.

Kamille

(*Chamaemelum* sp.)
Die niedrigwachsende, hellgrüne Pflanze ist ideal für Minigärten. Will man Blüten, dann ist die Römische Kamille (*Chamaemelum nobile*) zu empfehlen, zum Anlegen eines Sitzplatzes oder Rasens (siehe S. 36) dagegen die nicht-blühende Varietät 'Treneague', die Römische Teppich-Kamille.

Duftpelargonien

(*Pelargonium* sp.)
Die auch als Duftgeranien bezeichneten Pflanzen gibt es in verschiedenen Duftsorten von Zitrone über Rose bis Zimt und eignen sich gut zum Backen. Sie benötigen etwas mehr Wasser als andere Kräuter und lassen sich leicht aus Stecklingen ziehen (siehe S. 15).

LAVENDEL

Rosmarin
(*Rosmarinus officinalis*)
eignet sich zum Würzen
sowohl von herzhaften als
auch süßen Gerichten.

ERDBEERTURM

Erdbeerpflanzen zu ziehen ist nicht nur kinderleicht, sondern auch sehr lohnenswert: bescheiden im Platzbedarf und leicht in der Pflege. Sonnengewärmt und frisch gepflückt schmecken die Früchte am besten.

WALDERDBEERE

Erdbeeren bilden jedes Jahr neue Pflänzchen, sodass man nie wieder eine Pflanze kaufen muss! Stapeln Sie die Töpfe zu einem hohen Erdbeerturm übereinander und naschen Sie von den Erdbeeren, die über die Seiten nach unten hängen.

PFLANZENAUSWAHL

Bei einmaltragenden Pflanzen reifen die Früchte alle gleichzeitig, immertragende Sorten dagegen produzieren (weniger) Erdbeeren mehrere Monate lang. Wählt man drei oder mehr einmaltragende Sorten mit unterschiedlichen Reifezeiten, kann man ebenfalls von Früh- bis Spätsommer ernten. Auch die winzigen Walderdbeeren bieten sich an, mit denen sich übrigens hervorragend Getränke verfeinern lassen (man pflanzt sie am besten im obersten Topf ein). Erdbeeren immer erst ernten, wenn sie rundherum rot sind. Das beste Aroma entfalten sie, wenn man sie pflückt, nachdem sie von der Sonne erwärmt wurden.

- Frühe Sorten: «Honeoye»
- Mittelspäte Reifezeit: «Cambridge Favourite», «Alice», «Pegasus»
- Späte Reifezeit: «Symphonie», «Florence»
- Immertragende Sorten: «Mara des Bois», «Aromel»

ANLEITUNG

Füllen Sie den großen Topf zu drei Vierteln mit Erde und stoßen Sie ihn leicht auf den Boden, damit sich die Erde setzt, darauf dann den mittelgroßen Topf stellen. Den unteren Topf bis 2–3 cm unter den Rand mit Erde auffüllen. Danach den mittelgroßen Topf zu drei Vierteln mit Erde füllen und darauf den kleinen Topf stellen.

Führen Sie nun die Bambusstange durch das Drainageloch im kleinen Topf und durch den mittleren Topf bis zum Boden des großen Topfes. Kappen Sie das obere Ende der Stange so weit, dass es von der Erde im kleinen Topf verdeckt wird. Füllen Sie den mittleren Topf ringsum mit Erde auf, dann befüllen Sie den oberen kleinen Topf mit Erde (hier ebenfalls einen Rand lassen).

Jetzt die Erdbeerpflanzen einsetzen: eine in den oberen Topf, drei mit gleichmäßigem Abstand im Randbereich des mittleren Topfes und fünf mit gleichmäßigem Abstand im Randbereich des untersten Topfes. Gut wässern.

PFLEGE

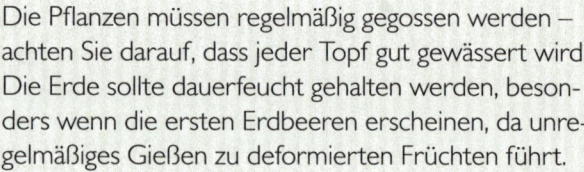

Die Pflanzen müssen regelmäßig gegossen werden – achten Sie darauf, dass jeder Topf gut gewässert wird. Die Erde sollte dauerfeucht gehalten werden, besonders wenn die ersten Erdbeeren erscheinen, da unregelmäßiges Gießen zu deformierten Früchten führt.

Verwenden Sie flüssigen Universal- oder Tomatendünger von Blütenbeginn bis zum Ende der Fruchtzeit und halten Sie sich an die Anweisungen auf der Verpackung.

Wichtig: Damit die kostbaren Früchte vor Vögeln und anderen Tieren sicher sind, müssen Sie die Pflanzen mit Beginn der Fruchtreife schützen. Decken Sie den Turm locker mit einem Netz ab (sicherstellen, dass die Erdbeeren nicht durch die Maschen ragen) und stecken Sie die Enden unter den Topf oder beschweren Sie sie mit anderen Töpfen oder großen Steinen.

Abgestorbene Blätter, abgeerntete Fruchtstiele und verfaulte Früchte immer entfernen.

ERDBEERPFLANZEN SELBST VERMEHREN

Pflanzen vermehren sich auf zwei Arten: Manche ausschließlich geschlechtlich mithilfe von Samen. Andere bilden Samen aus und vermehren sich zudem vegetativ – das heißt, ein Teil der Pflanze bildet selbst neue Wurzeln aus und entwickelt sich zu einer neuen Pflanze.

Von Hoch- bis Spätsommer bilden Erdbeerpflanzen Ausläufer, lange Triebe mit kleinen Pflänzchen, die sich von der Mutterpflanze wegbewegen und neuen Boden zum Wurzelschlagen suchen. Nehmen Sie 2–3 dieser Ausläufer und stecken Sie das erste Pflänzchen eines jeden Ausläufers (zum Beispiel mit einer halben Büroklammer) in einen eigenen kleinen Topf mit feuchter Erde fest.

Schneiden Sie den Ausläufer hinter dem kleinen Pflänzchen ab, aber belassen Sie ihn noch an der Mutterpflanze und halten Sie die Erde feucht. Wenn sich am Ausläufer Wurzeln und weitere Blätter gebildet haben, schneiden Sie ihn auch von der Mutterpflanze ab. Im Frühjahr die neuen Erdbeerpflanzen in einen größeren Topf oder in den Boden umsetzen.

TEEKANNE

Teekannen sind wunderbare kleine Pflanzgefäße für einen Mini-Kräuterteegarten. Man muss nur beim Gießen etwas aufpassen, da es kein Abzugsloch gibt.

ANLEITUNG

Die Teekanne muss vor dem Bepflanzen ordentlich mit Spülmittel gereinigt werden, um eventuell vorhandene Bakterien zu vernichten, die der Pflanze gefährlich werden und sie absterben lassen könnten.

Bei einer kleinen Teekanne kann es mühsam sein, selbst eine kleine Kräuterpflanze durch die Öffnung zu bekommen. In dem Fall teilen Sie die Pflanze oder nehmen einen Steckling. Setzen Sie die Pflanze in die Teekanne und füllen Sie rundherum bis kurz unter den Rand Erde ein – mit einem Löffel geht dies leichter als mit einer Kelle.

BEWÄSSERUNG DER KANNE

Wie fast alle Pflanzen mögen auch Kräuter dauerfeuchte, aber keine nasse Erde. Da Teekannen keine Drainageöffnung besitzen, muss man vorsichtig wässern, um Staunässe zu vermeiden. An einem warmen Standort kann sich die Erde an der Oberfläche trocken anfühlen, aber weiter unten noch nass sein. Stecken Sie einen Finger oder Holzstab möglichst tief in die Erde, um zu sehen, wie feucht sie ist, bevor Sie weitergießen.

ZUBEREITUNG VON KRÄUTERTEE

MINZE

Ein oder zwei kleine Stängel abzwicken, gegebenenfalls Schmutz oder Tierchen entfernen (falls nötig, mit Wasser abspülen) und in eine Tasse legen. Das frisch aufgekochte Wasser vor dem Aufgießen noch ein bis zwei Minuten abkühlen lassen, damit die Kräuter nicht verbrühen. Den Tee ziehen und auf Trinktemperatur abkühlen lassen (geben Sie einen Schuss kaltes Wasser hinzu, wenn es schneller gehen soll).

ZITRONENVERBENE

KAMILLE

TEILEN EINER TOPFPFLANZE

Die meisten krautigen Pflanzen – das sind alle mit mehreren Trieben und Faserwurzelballen – lassen sich teilen. Je kleiner die Pflanze zu Beginn ist, desto weniger häufig kann man sie teilen und desto länger dauert es, bis eine kräftige Pflanze daraus erwächst. Für einen Minigarten teilen Sie eine Pflanze aus einem 9-cm-Topf in zwei oder drei Teile.

1 Nehmen Sie die Pflanze aus dem Topf, nachdem Sie sie einige Stunden zuvor gut gewässert haben.

2 Schätzen Sie ab, wie oft und wie sich die Stängel am besten teilen lassen, dann brechen Sie den Wurzelballen vorsichtig auseinander und entwirren die Wurzeln mit der Hand.

3 Ein Teil des Wurzelballens wird unweigerlich verlorengehen, aber solange an jedem Stängel noch Wurzeln hängen, sollte die Pflanze nach dem Einsetzen in die Teekanne gut anwachsen.

Aus der zitronenartig
duftenden Zitronen-
melisse *(Melissa officinalis)*
lässt sich ein köstlicher
Tee zubereiten.

PFLANZENAKTE:
TEE

Gute Tees lassen sich aus vielen Kräutern zubereiten. Hier werden nur die besonders schmackhaften und leicht zu ziehenden Pflanzen aufgeführt. Die angegebene Wuchshöhe bezieht sich auf die ausgewachsene Pflanze: Damit sie länger klein und die Blätter frisch bleiben, empfiehlt es sich, sie aus Stecklingen zu ziehen.

Minze
(Mentha sp.)
Die besten Teesorten sind Pfefferminze *(Mentha x piperita)* und Grüne Minze *(Mentha spicata)*. Aus der Marokkanischen Minze *(Mentha spicata var. crispa* 'Moroccan') wird der in Marokko beliebte, gesüßte Minztee gemacht. Höhe: 1 m.

Zitronenmelisse
(Melissa officinalis)
Aus der Zitronenmelisse (ihr Geschmack erinnert an Zitronenlimonade) lässt sich, auch in Kombination mit Minze, ein sehr guter Tee zubereiten, der stimmungsaufhellend wirken soll. Höhe: 1 m.

Kamille
(Chamaemelum nobile)
Ein Tee aus Römischer Kamille *(Chamaemelum nobile)* gilt als wunderbare Einschlafhilfe; die Kamille ist seit langem als Heilpflanze bekannt. Sie wächst niedrig und hängt über den Kannenrand. Zur Teezubereitung werden nur die Blüten verwendet. Wuchshöhe: 25 cm.

Zitronenverbene
(Aloysia citrodora)
Der Strauch kann zwar sehr groß werden, aber als Steckling in der Teekanne gezogen und regelmäßig für einen Tee beerntet, lässt er sich eine Zeit lang klein halten. Höhe: 2,5 m.

Zitronengras
(Cymbopogon citratus)
Die Pflanze sieht aus wie … Gras. Sie schießt in die Höhe und hängt dann bogig elegant über. Die verdickte Stängelbasis kann von der Mutterpflanze gelöst und zum Mitkochen verwendet werden, die Blätter ergeben einen schmackhaften Tee. Wuchshöhe: 1,5 m.

ZITRONENVERBENE

EIN GEMÄLDE AUS MIKROGRÜN

Manche mögen sich daran erinnern, als Kind «Kressehaar» für «Eierköpfe» gezogen zu haben. Mit der heutigen Farb- und Formenvielfalt selbst gezogener *Micro Leaves* lassen sich aber auch anspruchsvolle Bilder gestalten. Natürlich dürfen auch Eierschalen weiterhin verwendet werden.

EIN SAMEN HAT ALLES, WAS ER BRAUCHT

Auf feuchtes Küchenpapier oder Watte gestreut, können Samenkörner genauso sprießen wie in Erde. Denn ein Samen trägt alles in sich, was er zum Wachsen braucht, also Energie und Nährstoffe. Lediglich Wasser wird zum Aktivieren des Wachstums benötigt. Wenn der Samen keimt und seine Nahrungsdepot erschöpft ist, beginnen die winzige Wurzel und der Stängel mit der Aufnahme der Nährstoffe und mit der Fotosynthese. So wird die Nahrung hergestellt, die die Pflanze zum Weiterwachsen braucht.

ROTKOHLSPROSSEN

ANLEITUNG

Die Schale gleichmäßig mit Blumenerde füllen und vorsichtig andrücken, dann gut wässern. Alternativ legen Sie die Schale mit drei bis vier Küchentüchern aus, die sie zuvor gut eingeweicht haben. Falls Sie Eierschalen verwenden, diese entweder fast ganz mit Erde befüllen (und wässern) oder feuchte Watte hineinlegen.

Das Saatgut nun im gewünschten Muster auf Blumenerde/Papier verteilen. Wenn Sie das Bild nicht vor Augen haben, können Sie es auf Papier vorskizzieren oder eine Schablone verwenden. Die Samenkörner sollten in einer Schicht dicht aneinander liegen, ohne sich zu berühren.

SIE BENÖTIGEN:

• Eine flache Plastikschale (z. B. Obst-/Gemüse-Verpackungsschale aus dem Supermarkt) oder leere, halbierte, saubere Eierschalen
• Universalerde, Watte oder ein paar Küchenpapiertücher
• Pflanzenkelle oder Löffel
• Salat-/Gemüsesaatgut
• kleine Gießkanne
• Sprühflasche

PFLEGE

Stellen Sie Ihr Werk auf eine sonnige Fensterbank. Regelmäßig mit Wasser aus einer Sprühflasche besprühen, damit Erde bzw. Papier stets feucht sind (wahrscheinlich ist das mindestens einmal am Tag nötig).

Ernten Sie die Keimlinge, bevor erneut Blätter oben aus dem Stängel zwischen den ersten Blättern wachsen. Schneiden Sie die Stängel mit einer Schere ab und garnieren Sie damit ein leckeres Gericht.

Mikrogrün gibt
es als Mischung
oder Einzelsorten.

PFLANZENAKTE:
SALATBLATTVARIATIONEN

Es eignen sich sowohl spezielle Samenmischungen zum Ziehen von Mikrogrün als auch generell jedes Saatgut von Garten- oder Kopfsalaten, Kräutern und vielen Gemüsesorten. Für ein Bild aus *Micro Leaves* verwenden Sie besser Einzelsorten, die Sie gezielt für bestimmte Bereiche einsetzen können. Auf diese Weise lässt sich auch das am Ende der Anbausaison übrige Saatgut aufbrauchen. Hier ein paar Vorschläge:

HELLGRÜNE BLÄTTER
Blattsenf
(Brassica juncea)
Geeignet ist etwa die Sorte 'Green Frills'.

Karotte
(Daucus carota)
Jede Karottensorte lässt sich verwenden.

Rübsamen/Mizuna
(Brassica rapa/B. rapa var. *nipposinica)*
Keine namentlich benannten Varietäten; es sind alle geeignet.

Fenchel
(Foeniculum vulgare/Foeniculum vulgare var. *azoricum)*
Geeignet sind Garten- und Gemüsefenchel.

MITTELGRÜNE BLÄTTER
Senfrauke
(Eruca vesicaria)
Verwendbar sind Rucola und andere Varietäten.

Rettich
(Raphanus sativa)
Jede Sorte eignet sich.

Koriander
(Coriandrum sativum)
Man kann die Stammform oder Varietäten nehmen.

Steckrübe
(Brassica napus Napobrassica-Gruppe)
Jede Sorte kommt in Frage.

Sonnenblumen
(Helianthus annuus)
Alle Sorten sind verwendbar.

Spinat/Mangold
(Spinacia oleracea/Beta vulgaris subsp. *cicla* var. *flavescens)*
Jede Sorte dieser Blattgemüse ist geeignet.

DUNKELGRÜNE BLÄTTER
Kohl
(Brassica oleracea Acephala-Gruppe)
Eine gute Wahl ist die Sorte 'Red Russian'.

Blattsenf
(Brassica juncea)
Es eignet sich z. B. die 'Red Frills'-Sorte.

VIOLETTE BLÄTTER
Amarant
(Amaranthus sp.)
Die Sorte 'Red Army' ist zu empfehlen.

Basilikum
(Ocimum basilicum)
Purpurkrauses Basilikum und die Sorte 'Dark Opal' besitzen schöne violette Blätter.

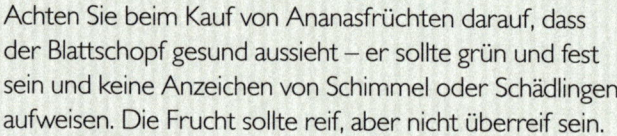

ANANASHAIN

Ananas vermehrt sich auf interessante Weise: Aus ihrem Blattschopf erwächst eine neue Pflanze. Anstatt diesen Rest also in den Küchenabfall zu werfen, machen Sie daraus doch einen Minihain. Ein längliches, rechteckiges Pflanzgefäß mit mehreren Ananaskronen ergibt eine aparte Tischdekoration.

SIE BENÖTIGEN:

- Glas mit Wasser
- Holzspieße oder Zahnstocher
- Topf/Pflanzgefäß
- Universalerde
- Grobsand
- 1 oder mehrere Ananas
- Pflanzenkelle
- Gießkanne

Achten Sie beim Kauf von Ananasfrüchten darauf, dass der Blattschopf gesund aussieht – er sollte grün und fest sein und keine Anzeichen von Schimmel oder Schädlingen aufweisen. Die Frucht sollte reif, aber nicht überreif sein.

ANLEITUNG

Halten Sie die Ananas gut fest und greifen Sie den Blattschopf am Ansatz. Dann drehen und dabei aus der Frucht herausziehen. Entfernen Sie die unteren Blätter, bis ein Strunk von rund 5 cm Länge freiliegt. Legen Sie die Blattkrone an einen hellen, trockenen Platz, damit die Wunden am Strunk heilen können und die Krone nach dem Einpflanzen nicht verfault. Aus den eventuell sichtbaren kleinen Beulen am Strunk wachsen später neue Wurzeln.

Füllen Sie ein Glas mit Wasser und setzen Sie die Krone so hinein, dass sich der blattlose Strunk unter, die Blätter über Wasser befinden. In einem schmalen Glas wird die Krone von den Blättern gehalten, ansonsten Holzspieße oder Zahnstocher in den Strunk stecken, um die Krone im Glas über Wasser zu halten.

Stellen Sie das Glas auf eine sonnige, warme Fensterbank. Wechseln Sie das Wasser alle zwei Tage und warten Sie, bis sich Wurzeln bilden (das kann ein paar Wochen dauern).

Wenn sich mehrere, mindestens 5–10 cm lange Wurzeln gebildet haben, mischen Sie Blumenerde und Sand im Verhältnis 4:1, füllen das Pflanzgefäß damit und setzen die Pflanze vorsichtig ein. Die Wurzeln müssen vollständig im Substrat liegen, die Blätter darüber. Gut gießen.

PFLEGE

Der Standort sollte sonnig und warm sein (nicht unter 18° C). Die Ananas benötigt zudem relativ feuchte Luft – ideal ist ein Badezimmer oder eine gut genutzte Küche. Steht sie in einem beheizten Zimmer, muss sie regelmäßig besprüht werden.

Halten Sie die Erde stets leicht feucht, im Frühjahr und Sommer einmal im Monat düngen.

Unter guten Bedingungen können sich Ananasfrüchte bilden, das kann allerdings mehrere Jahre dauern. Am besten erfreut man sich einfach an dem schönen Blattwerk in Blaugrün.

KAPITEL 6

DAS EINMALEINS DES MINIGÄRTNERNS

Dieses Kapitel behandelt die Basics des Minigärtnerns vom Anpflanzen bis zum Gießen und zeigt mögliche Schwierigkeiten auf. Gärtnern ist weder Kunst noch Mysterium, und auch den grünen Daumen gibt es nicht. Pflanzen können nicht aus Trotz das Wachstum verweigern. Von Ihnen möchten sie lediglich das Grundlegende: einen Platz zum Wachsen, ein wenig Sonnenschein und etwas Wasser. Wenn man das weiß und die Pflanzen entsprechend versorgt, wird Ihr Garten, egal wie klein, auch gut gedeihen.

ANLAGE VON MINIGÄRTEN

Gärtnern im Kleinen ist in vielfacher Hinsicht einfacher als im Großen und erfordert keine Vorkenntnisse. Alles, was man dafür braucht, ist ein wenig Material und ein paar einfache Geräte.

GRUNDAUSSTATTUNG

Die für Minigärten benötigte Grundausstattung ist minimal, vieles kann man mit einfachen Haushaltsutensilien ersetzen. Hier die nützlichsten Helfer:

Töpfe und Gefäße sind vom Gartentyp abhängig. Bei manchen sind Drainagelöcher erforderlich, bei anderen nicht. Sollen die Pflanzen im Freien stehen, müssen die Gefäße frostsicher sein (beim Kauf neuer Töpfe findet sich in der Regel ein entsprechender Hinweis). Achten Sie darauf, dass die Behältnisse sauber sind: Vor Gebrauch mit heißer Seifenlauge auswaschen, abspülen und abtrocknen.

Untersetzer und Schalen sind praktisch, um Wasserflecken auf der Unterlage zu vermeiden, wenn der Topf Abzugslöcher besitzt.

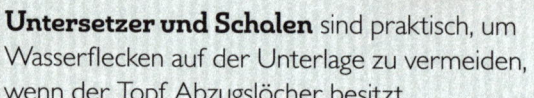

Eine Pflanzenkelle ist hilfreich beim Umfüllen von Blumenerde aus dem Sack ins Gefäß und beim Einpflanzen. Bei sehr kleinen Töpfen empfiehlt sich ein Löffel.

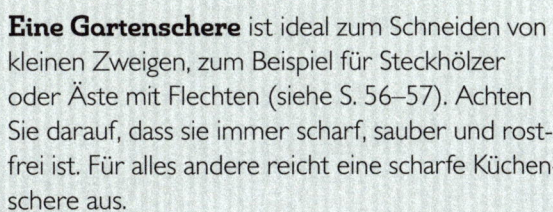

Eine Gartenschere ist ideal zum Schneiden von kleinen Zweigen, zum Beispiel für Steckhölzer oder Äste mit Flechten (siehe S. 56–57). Achten Sie darauf, dass sie immer scharf, sauber und rostfrei ist. Für alles andere reicht eine scharfe Küchenschere aus.

Gießkannen gibt es in verschiedenen Ausführungen. Welche man benötigt, hängt von der Art des Minigartens ab. Oft genügt eine Plastikflasche mit einem kleinen, abschraubbaren Brauseaufsatz (ein perforierter, flacher Aufsatz für Ausguss/Öffnung; im Fachhandel erhältlich, auch online). Je besser der Wasserfluss zu regulieren ist, desto besser die Gießkanne.

Eine Sprühflasche eignet sich für Pflanzen, die feuchte Luft oder wenig Wasser benötigen. Man erhält sie im Gartenhandel. Vergewissern Sie sich, dass Einstellungen für Strahl und feinen Sprühnebel vorhanden sind.

ERDE UND ANDERES MATERIAL

Die meisten der Gärten benötigen kein Spezialsubstrat: Universalerde reicht völlig aus. Ist eine feinere Mischung gefragt, muss man vorher eventuell ein paar größere Rindenstücke entfernen oder die Erde sieben. Kaufen Sie nach Möglichkeit hochwertige Ware, vorzugsweise torffrei und bio.

Wird feinere Erde benötigt, dann besorgen Sie sich Aussaaterde. Weitere für den einen oder anderen Minigarten erforderliche Spezial-Substrate sind Kaktuserde (die leicht selbst herzustellen ist, indem man zwei Teile Blumenerde mit einem Teil feinem Kies oder Grobsand mischt), Substrat für fleischfressende Pflanzen (online erhältlich) und Bonsai-Erde/Akadama (ebenfalls online erhältlich).

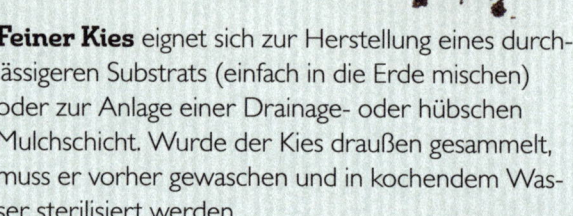

Feiner Kies eignet sich zur Herstellung eines durchlässigeren Substrats (einfach in die Erde mischen) oder zur Anlage einer Drainage- oder hübschen Mulchschicht. Wurde der Kies draußen gesammelt, muss er vorher gewaschen und in kochendem Wasser sterilisiert werden.

PFLANZENKAUF

Kaufen Sie nur gesunde Pflanzen: Sie sollten keine Anzeichen von Schädlings- oder Krankheitsbefall aufweisen und von kräftigem (grünem) Wuchs sein. Drehen Sie die Pflanze aus dem Topf, um die Wurzeln zu überprüfen – sie sollten den Topf zwar füllen, aber nicht im Kreis wachsen (Wurzeldrehwuchs).

Beim Online-Kauf von Pflanzen darauf achten, dass die Ware problemlos zurückgegeben werden kann. Das Paket rasch öffnen, die Pflanze ins Licht stellen und reichlich gießen, damit sie sich vom Transportstress erholen kann.

Für Minigärten optimal sind Pflanzen im 9-cm-Topf oder in noch kleineren Töpfen (die Zentimeterangabe bezieht sich auf den oberen Topfdurchmesser und ist eine handelsübliche Größe bei kleinen Topfpflanzen). Mitunter bietet der Fachhandel auch Pflanzen in Miniaturtöpfen an oder man wird bei Online-Händlern fündig.

RICHTIG ANPFLANZEN

Achten Sie darauf, dass das Pflanzloch in der Erde (oder einem anderen Nährmedium) in Ihrem Gefäß ausreichend groß für den Wurzelballen ist. Die Oberkante des Wurzelballens soll nach dem Einsetzen mit der Erdoberfläche abschließen.

Setzen Sie die Pflanze immer fest ein, der Wurzelballen muss guten Kontakt mit dem umgebenden Substrat haben, damit sich die Wurzeln ausbreiten und Feuchtigkeit daraus ziehen können. Die Erde nicht am Stängelansatz festdrücken, sondern um den Ballen herum, damit keine Wurzeln abbrechen.

PFLEGE VON MINIGÄRTEN

Der Minigarten wird zum erfolgreichen Projekt, wenn man etwas über Pflanzenwachstum weiß und ein paar grundlegende botanische Grundkenntnisse besitzt. Pflanzen sind unkompliziert, ihre Pflege ebenso.

WAS EINE PFLANZE FÜR GESUNDES WACHSTUM BRAUCHT

Pflanzen können ihre Nahrung, also ihre Energiequelle, selbst herstellen, und zwar mithilfe der Fotosynthese. Sie findet in den grünen Pflanzenteilen statt – diese besitzen Zellen mit einer grünen Substanz namens Chlorophyll.

Damit die Pflanze Fotosynthese betreiben kann, braucht sie drei Dinge vom Gärtner: Wasser, Sonnenlicht und Kohlendioxid. Den Rest erledigt sie selbst.

Licht spielt eine entscheidende Rolle beim Pflanzenwachstum. Wählen Sie daher immer, wie angegeben, den jeweils optimalen Standort für den Minigarten. Ein bisschen Licht brauchen alle Pflanzen, aber manche bevorzugen direkte Sonnenbestrahlung, andere helles, aber indirektes Licht, wieder andere sogar ein wenig Schatten.

LICHT + WASSER + KOHENDIOXID = GLUKOSE + SAUERSTOFF

FOTOTROPISMUS

Von Ausnahmen abgesehen, bekommen die meisten Zimmerpflanzen nur aus einer Richtung Licht und diesem wachsen sie entgegen. Das kann langsam geschehen oder sichtbar schnell in nur wenigen Stunden (zum Beispiel bei Salatsetzlingen, siehe S. 115). Hormone im Pflanzenstängel bewirken, dass sich die Zellen auf der dunklen Seite strecken, während sie sich auf der hellen Seite verkürzen, sodass die Pflanzen sich krümmen und ihre Blätter möglichst viel Licht aufnehmen können. Diesen Vorgang nennt man Fototropismus.

Daher müssen Zimmerpflanzen oder Pflanzen, die im Freien neben einem Zaun oder einer Wand stehen, regelmäßig gedreht werden, damit alle Pflanzenteile genug Sonne bekommen und sich gleichmäßiger Wuchs einstellt. Wie oft man die Pflanze drehen muss, hängt davon ab, wie schnell sie wächst.

SONNENBRANDSCHÄDEN

Steht die Pflanze zu dicht an einer Heizung oder ist sie direkter Sonneneinstrahlung ausgesetzt (die im Fall von Glasbehältern noch intensiviert wird), können die Blätter verbrennen, die Blattränder werden braun und trocken. Dieselben Symptome können auftreten, wenn die Pflanze extremer Kälte, wie Frost, ausgesetzt ist.

PUTZEN, STUTZEN, SCHNEIDEN

Auch wenn viele der empfohlenen Pflanzen nur langsam wachsen und kaum zurückgeschnitten werden müssen, lassen sich ein paar Pflegearbeiten meist nicht vermeiden, da unerwünschtes Pflanzenmaterial entfernt werden muss. Im Wesentlichen geht es dabei um Folgendes:

Ausputzen: Entfernen Sie totes, verblühtes und krankes Pflanzenmaterial immer sofort, unabhängig von sonstigen erforderlichen Pflegemaßnahmen. Zweige, die über Kreuz wachsen oder sich aneinander reiben, sollten auf eine geeignete Länge zurückgeschnitten werden.

Rückschnitt: Im Winter absterbende, krautige (nicht verholzende) Pflanzen werden zurückgeschnitten. Manche mehrjährige Pflanzen stecken im Winter alle Kraft in die Wurzeln, während die oberirdischen Teile absterben. Diese kann man im Herbst/Winter möglichst weit unten am Stängel abschneiden.

Formschnitt: Wenn Pflanzen zu stark wuchern, ist ein wenig Kürzen angesagt, um sie wieder in Form zu bringen. In der Regel hält sich ober- und unterirdisches Wachstum im Gleichgewicht. Wenn man also den Wurzelwuchs im Zaum hält, beschränkt man damit auch das Wachstum oberirdischer Pflanzenteile. Ein wenig Rückschnitt kann dennoch erforderlich werden. Halten Sie sich an die Hinweise in den jeweiligen Gartenkapiteln.

Verwenden Sie bei allen Pflegearbeiten immer scharfes, sauberes Gerät und entfernen Sie das Schnittgut. Den Schnitt immer direkt über einer Knospe ansetzen.

UNKRAUT JÄTEN

Mag der Garten auch noch so klein sein, Unkraut lässt sich kaum vermeiden! Meist handelt es sich dabei um Wildblumen – die erst zum Unkraut werden, wenn sie dort wachsen, wo man sie nicht haben will. Vorausgesetzt also, Sie wollen dieses Unkraut nicht, dann entfernen Sie es samt Wurzeln und Trieben so früh wie möglich.

Zu den typischen Unkrautquellen gehört nichtsterile Erde (d. h., nicht im Sack gekaufte, sondern aus einem Garten entnommene Erde). Dort ist es in Form von Samen und/oder sich regenerierenden Wurzelresten enthalten. Zudem können Samen vom Wind auf Töpfe im Freien geweht oder von Vögeln fallengelassen werden.

WIESEN-«UNKRAUT»

BEWÄSSERUNG

Gießen dürfte die wichtigste Aufgabe beim Gärtnern sein, und obwohl es eigentlich einfach ist, passieren gerade hier die meisten Fehler. In der Folge wird die Pflanze schwach und dadurch anfällig für Schädlings- oder Krankheitsbefall.

Egal, wie viel Wasser eine Pflanze braucht, immer nur in klei- nen Dosen verabreichen und das Wasser versickern lassen, bevor man weitergießt, bis die Erde vollständig gewässert ist. Führen Sie Ausguss oder Brause dicht an den Pflanzenansatz, geben Sie das Wasser an die Wurzeln und nicht auf die Blätter. Ausgenommen hiervon sind Pflanzen wie Tillandsien oder Moos, bei denen die Blätter besprüht werden.

Verlangen die Pflanzen eines Minigartens andere Bedingungen, wie etwa fleischfres- sende Pflanzen, die morastige Erde mögen, so wird in der Beschreibung im jeweiligen Kapitel darauf hingewiesen. Die Empfehlun- gen auf der folgenden Seite lassen sich den- noch auf fast alle Pflanzen anwenden.

Bei Gefäßen ohne Abzugslöcher ist ein wenig mehr Vorsicht geboten, da man schnell zu viel wässert. Überprüfen Sie die Feuchtigkeit nach Möglichkeit tief in der Erde – denn unter einer trockenen Oberschicht kann die Erde noch nass sein. Die Erde muss erst austrocknen, bevor man gießt.

DER RICHTIGE ZEITPUNKT ZUM GIESSEN

Gießen ist keine Geheimwissenschaft, das Wichtigste ist, regelmäßig zu kontrollieren, ob die Pflanze Wasser braucht. So vermeidet man, sie zu stark oder zu wenig zu gießen. Stecken Sie zum Überprüfen der Feuchtigkeit einen Finger in die Erde (falls möglich). Ansonsten gehen Sie nach dem Gesamteindruck von Pflanze und Erde und berücksichtigen dabei Standort und Umgebung und wann zuletzt gegossen wurde.

Ist die Pflanze durstig, dann ist die Erde trocken. Blätter und eventuell auch Stängel beginnen zu welken und zu vergilben (in der Regel verfärben sich zuerst die unteren, alten Blätter). Blüten vertrocknen und fallen ab, neue Blätter sind kleiner. Sofort gießen!

Ist die Pflanze glücklich, sind Blätter und Stängel prall und grün, die Pflanze sieht gesund aus. Schauen Sie morgen wieder nach.

Hat die Pflanze zu viel Wasser abbekommen, können die Blätter ebenfalls herabhängen und vergilben. Der Grund: Die Wurzeln ertrinken in der völlig durchnässten Erde. Vielleicht steht sogar Wasser in der Drainageschicht eines Pflanzenterrariums oder im Untersetzer. Wasser im Untersetzer wegschütten und den Topf optimal austrocknen lassen. Ein Terrarium lässt sich eventuell vorsichtig kippen – dabei die Pflanzenschichten festhalten –, um überschüssiges Wasser zu entfernen.

Kakteen mögen durchlässigen Boden. Achten Sie darauf, sie nicht zu viel zu gießen

DÜNGUNG

Die meisten Topfpflanzen benötigen Dünger – zusätzliche Nährstoffe, die das Wachstum fördern. Blumenerde enthält zwar Dünger, aber die Pflanze wird nur für maximal sechs Monate mit Nährstoffen versorgt. Wird danach nicht mehr gedüngt, fehlt es ihr an Nährstoffen, sie wird schwächer und kann absterben.

DER RICHTIGE ZEITPUNKT

Pflanzen benötigen Dünger nur in der Wachstumsphase – von Frühjahr bis Spätsommer. Wie oft man innerhalb dieses Zeitraums düngen muss, hängt vom Düngertyp und von der Pflanze ab. Siehe hierzu auch die Empfehlungen in den einzelnen Kapiteln der Gartenprojekte und die Gebrauchsanweisung auf der Düngerpackung.

WICHTIGE NÄHRSTOFFE FÜR PFLANZEN

Pflanzen benötigen eine ganze Reihe von Nährstoffen, manche in größeren Mengen, manche in winzigen Dosierungen. Die wichtigsten sind Stickstoff (N) für das Wachstum grüner Blätter, Phosphor (P) für die Entwicklung der Wurzeln und Kalium (K) zur Bildung von Blüten und Früchten. Diese drei werden auf Düngerpackungen immer im Verhältnis N:P:K angegeben. Dünger, der die Bildung von Blüten und Früchten fördert, wie etwa Rosen- oder Tomatendünger, enthält mehr K als N oder P, während Rasendünger mehr N besitzt. Bei Universaldünger ist dieses Verhältnis relativ ausgewogen und er beinhaltet in der Regel auch alle anderen Nährstoffe.

BITTE
N + P + K

DÜNGERFORMEN

Dünger gibt es in flüssiger und fester Form. Flüssigdünger wirkt rasch, aber nur kurzfristig und muss daher öfter verabreicht werden. Die Anwendung ist einfach, da er mit Wasser gemischt wird. Granulate wirken über kontrollierte Abgabe (auch Depotdünger genannt) und versorgen die Pflanze über einen längeren Zeitraum mit Nährstoffen, nachdem sie in die Erde gemischt wurden. Allerdings dauert es auch länger, bis das Granulat wirkt, das im Übrigen nicht dafür geeignet ist, einen bestimmten Mangel zu beheben. Organische Dünger bekommt man im Handel.

DOSIERUNG

Halten Sie sich immer an die Gebrauchsanweisung auf der Verpackung. Man mag zwar versucht sein, seiner Pflanze einen Schub mit extra Dünger zu geben, aber zu viel Dünger kann Gift für die Pflanze sein.

RICHTIG DÜNGEN

Nie düngen, wenn die Pflanze dringend Wasser braucht! Überprüfen Sie vor dem Düngen, ob die gesamte Erde gut feucht ist. Flüssigdünger wird ins Wasser der Gießkanne gegeben. Granulat wird der Blumenerde beim Pflanzen beigemischt oder über die Erde gestreut und vorsichtig eingeharkt.

TIERISCHE SCHÄDLINGE

Tierische Schädlinge können winzige Insekten sein, aber auch große Hunde können einer Pflanze gefährlich werden. Nicht immer lässt sich eine Pflanze vor Schädlingen schützen. In der Regel sind Gärten im Freien einem größeren Risiko ausgesetzt als Zimmerpflanzen.

VORBEUGEN IST BESSER ALS HEILEN

Sorgt man – mit richtigem Gießen, Düngen und passendem Standort – dafür, dass die Pflanze gesund bleibt, ist sie leichter imstande, Schädlinge abzuwehren. Je früher man einen Befall entdeckt, desto größer die Chancen, sie wieder loszuwerden. Untersuchen Sie Ihren Minigarten regelmäßig, ebenso jene Pflanzen, die sie gerade neu angeschafft haben. Chemische Bekämpfungsmittel sollten nur letztes Mittel sein, nachdem man es mit physikalischen Maßnahmen versucht hat. Wählen Sie immer die für das spezielle Problem empfohlene Behandlung. Befolgen Sie die Gebrauchsanweisungen des Herstellers, insbesondere zu Höchstdosierung, Sprühintervallen und Wartezeiten bis zur Ernte.

SÄUGETIERE

Hunde und Katzen können Pflanzen fressen oder Töpfe umwerfen, Eichhörnchen die Erde in Blumentöpfen umgraben oder die Gefäße umkippen. Die einzige Vorsichtsmaßnahme hier besteht darin, die Pflanzen standsicher und außer Reichweite der erwähnten Tiere aufzustellen.

VÖGEL

Vögel fressen gern Beeren und Früchte, und manchmal werfen sie die Erde aus dem Topf. Mit einem Netz lässt sich Obst und Gemüse gut schützen, achten Sie darauf, dass keine Schlupflöcher bleiben, durch die kleine Vögel hindurchkommen (und sich verfangen) können.

SCHNECKEN

Der von Schnecken angerichtete Schaden ist leicht entdeckt (Schneckenfraß an Blättern und Blüten), ebenso die glänzenden Schleimspuren, die sie hinterlassen. In nur einer Nacht können Schnecken gleich mehrere Pflanzen verwüsten. Die einfachste Methode gegen Schnecken ist, sie wegzubringen. Die Pflanzen morgens und abends absuchen, ebenso die Schlupfwinkel: unter Töpfen und an kühlen, schattigen Stellen. Schneckenkorn ist effektiv, aber Vorsicht: Sparsam und genau nach Anweisung vorgehen — eine Überdosierung ist gefährlich.

Marienkäfer und
ihre Larven fressen
Blattläuse. Locken Sie sie
mit Blumen in Ihren Garten
(siehe S. 18).

INSEKTEN

Blattläuse und Weiße Fliegen (Mottenschildläuse) ernähren sich vom Pflanzensaft und schwächen die Pflanze dadurch. Sie hinterlassen ein klebriges, glänzendes Sekret auf den Blättern und treten meist in Massen an neuen Triebspitzen und den Blattunterseiten auf. Geringer Befall lässt sich leicht manuell entfernen: mit Wasser oder verdünntem Spülmittel abwaschen, abreiben, abwischen oder absprühen (oder abduschen, wenn die Pflanze robust ist). Achten Sie darauf, dass die Schädlinge durch den Abfluss verschwinden, sonst klettern sie an der Pflanze wieder hoch. Stark geschädigte Stellen abschneiden und vernichten, bei intensivem Befall Behandlung mit einem geeigneten chemischen Präparat: Befolgen Sie, auch zu Ihrer eigenen Sicherheit, immer die Gebrauchsanweisung. Gesäuberte Zimmerpflanzen können eine Zeit lang ins Freie gestellt werden, falls es warm genug ist.

Schild- und Schmierläuse sind nicht so leicht zu beseitigen: Eventuell müssen Sie sie einzeln abheben, abschrubben oder abwaschen. Aufgrund ihres wachsartigen Schilds sind sie gegen wasserbasierte Bekämpfungsmaßnahmen «immun».

Raupen sind leicht entdeckt und mit ihrer Entfernung ist das Problem behoben. Es empfiehlt sich dennoch, beschädigte Stängel bis zu den gesunden Stellen zurückzuschneiden, um Infektionen des geschwächten Gewebes zu vermeiden.

KRANKHEITEN

Die meisten Pflanzenkrankheiten sind Pilzkrankheiten – bestimmte Arten der Fäule. Das trifft insbesondere auf Topfpflanzen zu, die in der Regel dichter beieinander und/oder in Zimmern stehen, wo die aufgrund der geringeren Luftzirkulation feuchtere Umgebung Pilzkrankheiten fördert.

GESUNDE UMGEBUNG

Wie beim Vorbeugen von Schädlingen gilt auch beim Vorbeugen von Krankheiten, dass eine gesunde Pflanze weniger anfällig ist. Kümmern Sie sich also gut um Ihren Minigarten. Eine saubere Umgebung ist wichtig, damit sich keine Krankheitserreger ansiedeln und verbreiten. Schimmelpilz und Mehltau lassen sich gewöhnlich vermeiden, wenn man gut lüftet.

Sorgen Sie dafür, dass die Pflanzen immer sauber sind, entfernen Sie abgestorbenes Pflanzenmaterial am Pflanzenansatz. Geräte und Pflanzgefäße müssen ebenfalls sauber sein: Reinigen Sie sie mit Seife oder Spülmittel und heißem Wasser. Wenn sich Schimmel auf der Erde bildet, muss die Pflanze umgetopft werden, waschen Sie die Wurzeln vor dem Einsetzen in neue Erde gründlich ab.

Manche Krankheiten lassen sich mit Fungiziden behandeln, diese sollten aber nur im Notfall zum Einsatz kommen. Wenden Sie nur ein für die spezielle Krankheit bestimmtes Präparat an und lesen Sie vor dem Kauf das Etikett. Halten Sie sich an die Gebrauchsanweisung des Produktherstellers, insbesondere in Bezug auf Höchstdosierung, Sprühintervalle und Wartezeit bis zur nächsten Ernte.

Grauschimmel Die Sporen dieses Pilzes sind in der Luft allgegenwärtig. Schnell besiedeln sie verletzte oder abgestorbene Pflanzenteile und breiten sich von dort auf lebende Pflanzenteile aus. Die Blätter am Pflanzenansatz regelmäßig kontrollieren, insbesondere bei feuchten Umgebungsbedingungen. Befallene Pflanzenteile sofort vorsichtig entfernen.

Mehltau Man unterscheidet Echten und Falschen Mehltau. Beides lässt sich leicht vermeiden. Achten Sie darauf, dass die Pflanzen gesund bleiben, sorgen Sie für gute Luftzirkulation und – besonders wichtig, – wässern Sie korrekt. Ein feuchtes, klammes Milieu fördert Mehltau. Zu erkennen ist er an den typischen weißen Flecken auf den Blättern, die sich rasch auf die restliche Pflanze ausbreiten können. Entfernen Sie befallene Stellen sofort.

Viren Viruskrankheiten haben gewöhnlich nichts mit den Umgebungsbedingungen einer Pflanze zu tun. Für infizierte Pflanzen gibt es keine Behandlungsmöglichkeiten, sie müssen vernichtet werden, damit die Infektion nicht auf andere, ähnliche Pflanzen übertragen wird.

GLOSSAR

9-cm-Topf Standardgröße kleiner Topfpflanzen im Handel, die Maße beziehen sich auf den Topfdurchmesser.

Ausdauernde (oder mehrjährige) Pflanze Pflanze, die (im Gegensatz zu einjährigen Pflanzen) über viele Jahre hinweg wächst.

Ausläufer Manche Pflanzen, wie etwa Erdbeeren, bilden als eine Form der vegetativen Vermehrung lange Ausläufer mit winzigen Pflänzchen (Kindel) aus.

einjährige Pflanze Pflanze, die ihren Lebenszyklus vom Samen über die Blüte bis zum Absterben in einem Jahr vollendet.

Fotosynthese Prozess, bei dem Pflanzen mithilfe von Sonnenlicht, Wasser und Kohlendioxid ihre eigene Nahrung herstellen.

Fototropismus Reaktion einer Pflanze auf einen Lichtreiz. Hormone bewirken, dass sich die Pflanzenstängel krümmen, damit die Blätter möglichst viel Sonne abbekommen.

Gravitropismus (auch Geotropismus) Reaktion einer Pflanze auf den Reiz der Schwerkraft. Wurzeln zeigen positiven Gravitropismus, d. h., sie wachsen nach unten in die Erde. Triebe zeigen negativen Gravitropismus und wachsen nach oben, dem Licht entgegen.

Hydrokultur Kulturform, bei der Pflanzen nicht in Erde oder Substrat gezogen werden, sondern in einem mit flüssigen Nährstoffen angereicherten Wasserstrom.

Hydroponik Hydrokultur im gewerblichen Bereich. Sie kommt gewöhnlich bei der Fassadenbegrünung zum Einsatz.

Keimung Wenn ein Samen Wasser aufnimmt und Wurzel und Trieb ausbildet.

Kokedama Japanische Kunst, bei der Pflanzen in Erd-Moos-Ballen gewickelt werden und nicht im Topf stehen.

krautige Pflanze Ausdauernde Pflanze, deren oberirdische Teile im Herbst absterben, und die im Frühjahr neu austreibt.

Ökosystem Alle Lebewesen, die in einem bestimmten Gebiet miteinander und mit ihrer Umwelt in Wechselbeziehung stehen.

Pflanzenterrarium Glasbehältnis mit Pflanzen, das auch vollständig geschlossen werden kann, sodass die Pflanzen im Inneren ein eigenes Ökosystem bilden.

Ruheperiode Zeitraum, beispielsweise im Winter, in der das Pflanzenwachstum eingestellt ist, die Pflanze aber weiterlebt. Auf Samen bezogen bedeutet dies, dass der Samen so lange ruht, bis sich zum Keimen günstige Bedingungen einstellen.

Steckling Kleines Stängelstück mit Blättern, das von der Pflanze abgeschnitten und eingetopft wird, damit es Wurzeln bildet und zu einer neuen Pflanze heranwächst. Auf diese Weise vermehrte Pflanzen sind genetisch miteinander identisch (Klone).

winterhart Eine Pflanze gilt als winterhart, wenn sie Temperaturen unter 0° C problemlos überlebt.

Wurzelballen Die Wurzeln einer Pflanze mitsamt umgebendem Substrat oder Erde nach der Entnahme aus Topf oder Boden.

zweijährige Pflanze Pflanze, die im ersten Wachstumsjahr Blätter bildet, dann überwintert, im zweiten Jahr blüht und stirbt.

WEITERFÜHRENDE QUELLEN

Die englischsprachige Website der Königlichen Gartenbau-Gesellschaft RHS *(Royal Horticultural Society)* gibt umfassende Ratschläge zum Gärtnern und bietet eine Pflanzen-Suchmaschine mit Links zu Händlern an. Zudem findet man dort Informationen zu Pflanzen für Bestäuber und andere Insekten: www.rhs.org.uk
Häufig finden sich Hinweise zur Pflanzenpflege auf den Websites des Gartenfachhandels, etwa bei Spezialgärtnereien für Wasserpflanzen oder fleischfressende Pflanzen. Die Websites von Kakteen- und Sukkulentengesellschaften oder anderen Vereinigungen, die sich bestimmten Pflanzengruppen widmen, sind meist ebenfalls gute Informationsquellen.

Ratgeber und Informationen zu heimischen und Bestäuberpflanzen werden auch von Naturschutzorganisationen wie NABU (Naturschutzbund Deutschland) oder BUND (Bund für Umwelt & Naturschutz) veröffentlicht: www.nabu.de und www.bund.net

Weitere interessante Gartenücher:

Ongania, G.; Bergmann, R.: An die Töpfe, gärtnern, los! Praxiswissen und Ideen fürs urbane Gärtnern. 1. Auflage 2014, 192 Seiten, Haupt Verlag.

Ongania, G.; Bergmann, R.: In die Höhe gärtnern: Vertikale Nutzgärten leicht gemacht, 1. Auflage 2016, 192 Seiten, Haupt Verlag.

Haberer, M.: 1200 Garten- und Zimmerpflanzen, 1. Auflage 2016, 688 Seiten, Eugen Ulmer Verlag.

Greiner, K.; Weber, A.: Zimmerpflanzen: Die 200 schönsten Arten für jeden Standort und jeden Wohnstil, 1. Auflage 2016. 168 Seiten, Gräfe und Unzer.

Kullmann, F.: Soforthelfer Zimmerpflanzen. Die 99 schnellsten Antworten, 1. Auflage 2014, 128 Seiten, Kosmos.

Throll, A.: Was blüht auf der Fensterbank? 650 Zimmerpflanzen im Porträt. Pflege, Merkmale, Sorten, 3. Auflage 2013, 326 Seiten, Kosmos.

REGISTER

BILDNACHWEIS